*Pensées intimes*

Collection Anatolia
*dirigée par Samuel Brussell*

ALBERT EINSTEIN

# *Pensées intimes*

*Édité par Alice Calaprice*

*Préface de Freeman Dyson*

TRADUIT DE L'ANGLAIS
PAR PHILIPPE BABO

ANATOLIA
ÉDITIONS DU ROCHER

Titre original :
*The Quotable Einstein*



ISBN 2-268-03740-1

# Préface

Mon excuse pour écrire cette préface est la suivante : j'ai été pendant trente ans un ami et un conseiller des Princeton University Press, contribuant à aplanir la voie pour l'énorme et difficile projet de publication des *Einstein Papers,* dans lequel Alice Calaprice a joué un rôle central. Après de longs atermoiements et d'amères polémiques, le programme de publication va aujourd'hui résolument de l'avant, produisant un flot continu de volumes remplis de trésors scientifiques et historiques.

Je ne connaissais Einstein qu'indirectement, par l'intermédiaire de sa secrétaire — et gardienne de ses archives — Helen Dukas. Helen était une généreuse et chaleureuse amie pour les grands comme pour les moins grands. Elle a été pendant de nombreuses années la baby-sitter préférée de nos enfants. Elle aimait leur parler d'Einstein, insistant toujours sur son sens de l'humour et son détachement par rapport aux passions qui agitent le commun des mortels. Nos enfants se souviennent d'elle comme d'une gentille vieille dame à l'accent allemand, toujours de bonne humeur. Mais elle pouvait aussi être dure. Elle s'est battue comme un tigre pour tenir à l'écart ceux qui tentèrent de s'immiscer dans l'intimité d'Einstein quand il était encore en vie, et elle s'est battue comme un tigre pour préserver la confidentialité de ses archives les plus intimes après sa mort. Elle-même et Otto Nathan étaient les exécuteurs testamentaires d'Einstein, et ils étaient toujours prêts à poursuivre en justice quiconque tentait de publier des documents du savant sans leur autorisation. Sous les abords sereins d'Helen, on pouvait de temps en temps déceler des tensions cachées. Elle maugréait parfois à part soi, contre tous ceux — dont elle taisait le nom — qui lui rendaient la vie « si difficile ».

Dans ses dernières volontés, Einstein avait demandé que le fonds contenant ses papiers demeurât sous l'administration d'Otto Nathan et Helen Dukas tant qu'ils vivraient, et qu'il soit ensuite cédé de manière permanente et définitive à l'Université hébraïque de Jérusalem. Pendant les vingt-six années qui suivirent la mort d'Einstein en 1955, le fonds fut archivé dans une longue rangée de meubles-classeurs à l'Institute for Advanced Study de Princeton. Helen y travaillait chaque jour, entretenant une correspondance considérable, et découvrant des milliers de nouveaux documents à ajouter à la collection existante.

En décembre 1981, Otto Nathan et Helen étaient apparemment en bonne santé. Et pourtant, une nuit aux alentours de Noël, alors que la plupart de ses membres étaient en vacances, l'Institut fut soudain le théâtre d'une grande agitation. Il faisait nuit noire et la pluie tombait. Un grand camion fit halte devant l'Institut, et une escouade de soldats israéliens armés jusqu'aux dents en descendit pour monter la garde. Passant par là à ce moment précis, j'attendis pour observer la suite des événements. J'étais le seul spectateur visible, mais il ne fait pour moi aucun doute qu'Helen était également présente, supervisant probablement l'opération depuis sa fenêtre au dernier étage de l'Institut. En l'espace de quelques minutes, plusieurs dizaines de volumineuses caisses à claire-voie furent descendues par l'ascenseur depuis le dernier étage, transportées en dehors de l'édifice par la porte principale grande ouverte, et chargées dans le camion. Les soldats sautèrent ensuite à l'arrière du véhicule, qui disparut peu après dans la nuit. Le lendemain, le fonds rejoignit son lieu de conservation définitif, à Jérusalem. Helen continua à venir travailler à l'Institut, s'occupant toujours de sa correspondance et nettoyant les espaces laissés vides par le départ des archives. Six semaines plus tard, de manière soudaine et inattendue, elle décéda. Nous n'avons jamais su si elle avait eu une prémonition de sa mort; en tout état de cause, elle s'était assurée que ses archives bien-aimées se trouveraient en lieu sûr avant de quitter ce monde.

Après que l'Université hébraïque eut pris en charge le fonds, et après la mort d'Otto Nathan en janvier 1987, les fantômes qui avaient hanté Hélène se révélèrent bientôt au grand jour. Robert Schulmann, un historien des sciences qui participait depuis quelques années à l'*Einstein Papers Project*, fut informé par un correspondant suisse de l'existence d'une liasse secrète de lettres d'amour écrites au tournant du siècle par Einstein et sa première femme, Mileva Maric. Cette liasse, pensa-t-il, faisait probablement partie des papiers compris dans la succession de Mileva, et apportés en Californie par sa belle-fille Frieda, la première épouse du fils aîné d'Einstein, Hans, après la mort de sa mère en Suisse en 1948. Bien qu'il ait reçu des assurances répétées selon lesquelles les seules lettres existantes étaient celles datant de la période postérieure à la séparation de Mileva d'avec Einstein en 1914, Schulmann n'était pas convaincu. Il rencontra en 1986 la petite-fille d'Einstein, Evelyn, à Berkeley. Ensemble, ils découvrirent un indice capital — des notes figurant en annexe d'un manuscrit inédit que Frieda avait consacré à Mileva, et qui faisaient référence de manière explicite à cinquante-quatre lettres d'amour. La conclusion tombait sous le sens. Ces lettres devaient faire partie du groupe de plus de quatre cents lettres encore entre les mains de l'Einstein Family Correspondence Trust, l'entité juridique représentant les héritiers californiens de Mileva. Parce qu'Otto Nathan et Helen Dukas s'étaient jadis opposés à la publication de la biographie préparée par Frieda, le Family Trust leur avait interdit l'accès à cette correspondance et ils n'avaient par conséquent jamais eu connaissance directe de son contenu. La découverte des notes de Frieda et la dévolution du fonds Einstein à l'Université hébraïque offraient une nouvelle occasion de poursuivre la publication de la correspondance.

Au printemps 1986, John Stachel, qui était à l'époque l'éditeur responsable de la publication du fonds, et Reuven Yaron, de l'Université hébraïque, dénouèrent cette situation inextricable en négociant un accord avec le Family Trust. Leur objectif était d'obtenir que des photocopies de la correspondance soient versées au projet de publication, et confiées à l'Université hébraïque. La réunion cruciale eut lieu en Californie, où se rendit Thomas Einstein, l'aîné des arrière-petits-fils du savant et l'un des administrateurs du Family Trust. Les négociateurs furent désarmés en voyant arriver le jeune homme en short de tennis, et un accord amical fut rapidement trouvé. Bientôt rendues publiques, les lettres à Mileva révélèrent la personnalité réelle d'Einstein, un homme qui n'était pas à l'abri des passions et faiblesses humaines de tout un chacun. Ces lettres sont des chefs-d'œuvre de prose gorgée d'émotion. On y lira la triste et banale histoire d'un mariage raté, commençant par l'amour tendre et enjoué des débuts, pour finir par l'âpreté et la froideur de la rupture.

Pendant toutes les années où elle régna sur le fonds, Helen Dukas ne se sépara jamais d'un coffret en bois qu'elle appelait sa « *Zettelkästchen* » — sa petite « boîte à citations ». Chaque fois que dans son travail quotidien elle tombait sur une phrase d'Einstein qui la frappait, ou la charmait, elle en tapait à la machine une copie et la rangeait dans le coffret. Quand je lui rendais visite dans son bureau, elle ne manquait jamais de me montrer ses dernières trouvailles. Le contenu de cette boîte a fourni le cœur du livre *Albert Einstein, the Human Side*, une anthologie de citations d'Einstein qu'elle a codirigée avec Banesh Hoffmann, et qui est parue en 1979. *The Human Side* décrivait l'Einstein qu'Helen voulait que le monde découvre, l'Einstein de la légende, l'ami des écoliers et des étudiants fauchés, le philosophe gentiment ironique, l'Einstein exempt de sentiments violents et d'erreurs tragiques. Il est intéressant de comparer l'Einstein dépeint par Helen Lukas dans *The Human Side* avec celui révélé par Alice Calaprice dans ce livre. Alice a choisi ses citations de manière impartiale à partir de l'ensemble du fonds, qu'il s'agisse de documents anciens ou nouveaux. Elle n'insiste pas sur l'aspect le plus sombre de la personnalité d'Einstein, sans non plus chercher à le dissimuler. Dans le bref chapitre « Sur la famille », par exemple, ce côté sombre apparaît nettement.

En écrivant une préface pour ce recueil, je dois au préalable me demander si je ne commets pas un acte de trahison. Il ne fait aucun doute qu'Helen Dukas se serait catégoriquement opposée à la publication des lettres intimes d'Einstein à Mileva et à sa deuxième épouse, Elsa. Elle se serait probablement sentie trahie en voyant mon nom associé à un livre contenant de nombreuses citations provenant de ces lettres dont elle ne voulait pas entendre parler. J'étais l'un de ses amis les plus proches, en qui elle avait le plus confiance, et il n'est pas facile pour moi d'aller à l'encontre de ses volontés expresses. Si je la trahis, je ne le fais pas de gaieté de cœur. En fin de compte, j'épargne ma conscience en considérant qu'en dépit de ses nombreuses qualités, elle se trompait profondément en tentant de dissimuler la véritable personnalité d'Einstein. De son vivant, je n'ai jamais cessé de marquer mon désaccord avec elle sur ce point. Je n'ai jamais essayé de la faire changer d'avis, parce que sa conception de son devoir envers Einstein était intangible, mais je lui ai clairement fait savoir que je réprouvais l'usage qu'elle faisait des actions en justice pour interdire la publication de documents d'Einstein. J'éprouvais une grande affection et un grand respect pour Helen en tant que personne, mais je ne l'ai jamais suivie sur le terrain de la censure. J'espère — j'en suis presque sûr — que si Helen était aujourd'hui en vie et pouvait constater de ses propres yeux que le respect et l'admiration universels portés à Einstein n'ont pas été entamés par la publication de ses lettres intimes, elle me pardonnerait.

Il est clair pour moi aujourd'hui que la publication des lettres intimes, même s'il s'agit d'une trahison d'Helen Dukas, n'est en aucune façon une trahison d'Einstein. Le portrait d'Einstein qui se dessine au fil de cette collection de citations tirées de sources très diverses est celui d'un être humain complet et accompli — une figure plus imposante et plus étonnante que le philosophe mesuré dépeint dans le livre d'Helen. Le fait de connaître la face obscure de la vie d'Einstein ne rend ses réalisations dans les domaines de la science et des affaires publiques que plus miraculeuses. Ce livre le montre tel qu'il était — non pas comme un génie surhumain, mais comme un génie humain, d'autant plus grand qu'il est humain.

Il y a quelques années, j'ai eu la chance de donner des conférences à Tokyo en même temps que l'astronome Stephen Hawking. Marcher dans les rues de la capitale japonaise aux côtés de Hawking dans sa chaise roulante constitua pour moi une expérience étonnante. J'avais l'impression de me promener à travers la Galilée en compagnie de Jésus-Christ. Où que nous allions, des foules de Japonais nous suivaient silencieusement, certains tendant leurs mains pour toucher la chaise roulante du savant. Celui-ci assistait à ces manifestations de ferveur avec détachement et philosophie. Cet épisode m'a fait penser à un article que j'avais lu à propos du voyage d'Einstein au Japon en 1922. Les foules avaient alors suivi Einstein comme un seul homme, tout comme elles suivirent Hawking soixante-dix ans plus tard. Les Japonais vénéraient Einstein comme ils vénèrent aujourd'hui Hawking. Ils font montre d'un goût remarquablement sûr dans le choix de leurs héros. Par-delà les barrières de la culture et de la langue, ils discernent chez ces deux visiteurs venus de loin une essence quasi divine. D'une certaine manière, ils ont compris qu'Einstein et Hawking ne sont pas seulement de grands savants, mais aussi de grands êtres humains. Ce livre aide à comprendre pourquoi.

Freeman DYSON,
Institute for Advanced Study,
Princeton, New Jersey.

# Avant-propos et remerciements

> Dans le passé, il ne m'est jamais venu à l'esprit que chacune de mes remarques, même les plus banales, serait relevée et consignée par écrit. Si j'avais su, je serais rentré plus loin dans ma coquille.
>
> EINSTEIN à son biographe Carl Seelig, 25 octobre 1953.

Auteur prolifique — souvent réfléchi et talentueux —, Albert Einstein se prête parfaitement à l'exercice de la citation. Je l'ai constaté quand j'ai commencé à travailler sur les *Einstein Papers* en 1978, en préparant un index informatisé de la copie du fonds Einstein, abritée alors (avec le fonds original) par l'Institute for Advanced Study de Princeton. Mené sous la direction de John Stachel, alors coordinateur de la publication des *Collected Papers of Albert Einstein (CPAE)*, le travail supposait que tous les documents du fonds — correspondances, écrits divers, commentaires de tierces personnes sur Einstein — soient lus attentivement. Dans cette masse documentaire, mon assistant et moi-même glanions certaines parcelles d'information et les entrions sur l'ordinateur — fort peu convivial en ces années 70 — mis à notre disposition par le laboratoire du cyclotron de l'université de Princeton. Je lisais souvent ces pièces — dont la plupart étaient rédigées en allemand — presque au point de les connaître par cœur, pour la simple raison qu'elles me captivaient. J'ai commencé spontanément à tenir un fichier alphabétique de mes citations et extraits préférés, et ces fiches, soigneusement rangées dans une boîte en plastique bleue sur mon étagère, ont fourni au bout du compte la base de ce livre.

Depuis que je travaille pour les Princeton University Press et que j'ai été nommée à la fois coordinatrice interne de l'énorme projet de publication de la maison, *The Collected Papers of Albert Einstein*, et directrice du projet de traduction connexe, j'ai souvent reçu des appels téléphoniques et des lettres de personnes cherchant les références de telle ou telle citation relevée sur un calendrier ou entendue à la radio, et attribuée à Einstein. Dans le même temps, j'ai appris que les bureaux éditoriaux du Projet Einstein à Boston, la Firestone Library à l'université de Princeton, et la bibliothèque de l'Institute for Advanced Study étaient assaillis de demandes similaires. La plupart du temps, nous n'étions pas capables de trouver — du moins, facilement et rapidement — la source ou la formulation exacte de la citation. Ces demandes incessantes, le travail déjà réalisé, et l'intérêt manifesté par Trevor Lipscombe, responsable du département Sciences physiques des Presses, m'ont donné l'idée de ce livre.

Pour en revenir à cette sélection, j'ai non seulement puisé dans mon fichier bleu, mais j'ai également passé au crible de nombreuses autres sources originales, sans parler des biographies d'Einstein et des sources secondaires complémentaires. Il m'a même fallu parfois consulter, pour vérification, le fonds original. Je ne me suis pas limitée aux citations adaptées aux discours d'après-banquet ou aux épigraphes, mais j'ai également inclus certaines réflexions moins profondes reflétant les multiples facettes de la personnalité d'Einstein. Certaines d'entre elles navreront peut-être certains lecteurs habitués à vénérer Einstein comme un héros compatissant, tolérant et dépourvu de défauts (voir, par exemple, sa réponse brutale à un haut fonctionnaire chilien lui demandant une formule susceptible d'être gravée sur la façade d'une nouvelle université, l'entrée de son journal concernant les fidèles massés au pied du Mur des lamentations, ou encore ses idées sur les compétences des femmes en matière scientifique). D'autres lecteurs verront peut-être avec plaisir que les pires préjugés qu'ils nourrissaient à son encontre, qu'ils soient d'ordre religieux, philosophique ou politique, sont confirmés par ses opinions sur l'avortement, le mariage, le communisme et le gouvernement mondial. D'autres encore se délecteront de son humour (voir par exemple le sous-chapitre concernant les animaux dans les « Sujets divers »), et s'identifieront à lui quand il nous fait partager ses pensées sur tout et rien — de la jeunesse à la vieillesse, en passant par le plaisir de ne pas porter de chaussettes, ou celui de fumer la pipe.

Mais avant de prononcer un jugement hâtif, on devra prendre en considération l'âge d'Einstein au moment où il formule telle ou telle opinion, et son environnement — le contexte historique et culturel dans lequel il vivait. De fait, tout au long de sa vie, il a changé d'avis, ou du moins affiné son opinion sur plusieurs sujets — le pacifisme, la peine de mort et le sionisme, par exemple.

Le livre a été subdivisé par sujets, qui apparaissent par ordre alphabétique dans la table des matières (après un chapitre introductif « Sur Einstein lui-même »), un chapitre final étant consacré à des « Sujets divers » classés également par ordre alphabétique. À l'intérieur de chaque rubrique, les citations sont classées par ordre chronologique lorsque je suis parvenue à leur attribuer une date ; celles qui n'ont pu être datées sont reléguées en fin de chapitre.

J'ai cité les documents originaux chaque fois que cela a été possible. Il s'agit notamment des Archives Einstein (les références des documents cités sont ceux de la copie du fonds, conservée à Princeton et Boston) ; les volumes des *Collected Papers of Albert Einstein* (*CPAE*) ; *Albert Einstein, the Human Side* d'Helen Dukas et Banesh Hoffmann, qui contient des matériaux d'archives sélectionnés par la secrétaire d'Einstein, qui a également été longtemps son archiviste ; et les divers ouvrages et revues dans lesquels certains articles ont été publiés à l'origine. Par ailleurs, je mentionne souvent des compilations plus facilement disponibles, et cependant tout à fait fiables, telles qu'*Ideas and Opinions*, afin que les lecteurs puissent consulter cette littérature plus « grand public » et se référer au texte complet et à son contexte. (Les numéros de pages renvoient aux éditions citées dans la bibliographie.) Dans les rares cas où je n'ai pas pu trouver une source originale, je me suis appuyée sur des sources secondaires (biographies, etc.).

J'ai fait tout mon possible pour vérifier les références, mais le présent livre, *Pensées intimes*, ne peut prétendre au statut d'ouvrage de recherche au sens strict.

Il va sans dire que de nombreuses pensées intéressantes m'ont très certainement échappé (elles se cachent quelque part parmi les quelque 40 000 documents du fonds). Pour cette raison, cette première publication ne peut en aucun cas être considérée comme un recueil exhaustif de citations. Mais j'espère être parvenue pour l'instant à présenter — avec toutes leurs références disponibles — les plus importantes et les plus intéressantes d'entre elles. Comme il s'agira d'un projet sans cesse remis sur le métier, avec des éditions augmentées successives (comprenant, quand ce sera possible, les textes originaux en allemand), j'invite les lecteurs à m'adresser toutes les citations, avec leurs sources, que j'aurais omises. Nous les inclurons dans de futures éditions. Si j'ai par inadvertance cité Einstein de manière erronée, ou donné des références inexactes, je remercie mes lecteurs de me le signaler.

Je suis par ailleurs tombée sur quelques citations dont je n'ai pas trouvé les références, et pourtant, moi-même — ou les personnes qui me les ont adressées pour savoir si je connaissais leur origine — les ont vues, ou entendues, attribuées à Einstein. Je les ai reléguées en fin de volume, dans un court chapitre intitulé « Attribué à Einstein » ; mon espoir est que les lecteurs puissent me conduire aux sources exactes.

Enfin, je veux ici adresser mes remerciements à tous ceux qui ont contribué à la préparation de ce livre. Tout d'abord, je remercie l'Université hébraïque de Jérusalem de m'avoir autorisée à inclure des matériaux provenant du Fonds Einstein, la Bibliothèque philosophique, de m'avoir autorisée à reproduire des passages d'*Ideas and Opinions*, et Crown Publishers, de m'avoir permis d'utiliser des citations tirées d'*Einstein in America* de Jamie Sayen.

Je suis également reconnaissante pour l'aide, l'intérêt et le soutien que m'ont apportés ma famille, mes amis et mes collègues des Princeton University Press, qui ont dès le départ témoigné un grand enthousiasme pour ce projet, notamment Trevor Lipscombe, Eric Rohmann et Emily Wilkinson. Je remercie particulièrement mon amie de longue date et la responsable éditoriale des Presses, Janet Stern, pour m'avoir montré que même les écrits d'une éditrice professionnelle ont besoin d'être revus et corrigés. Merci également à Linda Moran et Bing Lin Zhao (université de Boston) pour m'avoir guidée dans les arcanes de l'informatique.

Ma mère, Rusan Abeghian, a constitué à partir de journaux étrangers une collection de coupures de presse relatives à Einstein.

Je suis également reconnaissante à Freeman Dyson d'avoir pris le temps — malgré un agenda chargé — d'écrire une préface, bien qu'il eût préféré que les textes originaux allemands figurent aussi dans ce volume. Consultant récemment mes vieilles fiches, je suis tombée sur celle où j'avais griffonné les remarques qu'Helen Dukas avait formulées à son sujet en 1978. Helen, qui savait que j'étais d'origine arménienne par ma mère, m'avait parlé d'un article que Freeman, que je n'avais pas encore rencontré, avait écrit pour le *New Yorker* quelques années plus tôt au sujet d'un voyage qu'il avait effectué en Arménie. Après en avoir discuté avec moi, elle avait ajouté quelque chose à propos de Freeman Dyson qui vaut d'être cité dans un livre tel que celui-ci : « C'est un grand homme. Mon seul regret est qu'il n'ait pas rencontré le Professeur Einstein. Dans les années 50, ce dernier m'avait dit qu'il avait entendu parler de cet intéressant jeune homme. Je lui avais répondu que je pouvais organiser une rencontre, mais il avait répliqué : "Oh non, je ne veux pas importuner un homme aussi important!" » À la différence du poli Professeur Einstein, j'ai osé importuner cet homme — en lui demandant d'écrire une préface à ce livre; et je lui suis très reconnaissante d'avoir accepté sur-le-champ.

*Last but not least,* Robert Schulmann, directeur de

l'*Einstein Papers Project* à l'université de Boston s'est montré, comme toujours, un ami précieux, et une source inépuisable d'informations et de gentillesse, même lorsque je sentais que je mettais sa patience à rude épreuve. J'espère que ce petit livre aura répondu aux attentes de chacun.

Alice CALAPRICE,
Princeton,
janvier 1996.

# Chronologie

Cette chronologie a été établie principalement à partir d'informations contenues dans les chronologies des volumes I et V des *Collected Papers of Albert Einstein*; à partir de la chronologie de l'ouvrage d'Abraham Pais, *Subtle Is the Lord*; et à partir des notes que j'ai prises lors de conversations avec Helen Dukas en 1978-1980. Elle a été complétée avec des informations issues d'autres lectures.

1879 14 mars, Albert Einstein naît à Ulm, en Allemagne, dans la maison de ses parents, Hermann (1847-1902) et Pauline Koch (1858-1920) Einstein.

1880 La famille s'installe à Munich.

1881 18 novembre, naissance de la sœur d'Einstein, Maja.

1884 Reçoit de son père une boussole, qui produit une grande impression sur le jeune enfant.

1885 À l'automne, entre à la Petersschule, une école primaire catholique, où il est le seul enfant juif de sa classe. Reçoit une instruction religieuse juive à la maison, et s'intéresse à la religion, mais s'en détournera dès l'âge de douze ans. Prend ses premières leçons de violon.

1888 Entre au Luitpold-*Gymnasium* à Munich.

1889-1895 S'intéresse de plus en plus à la physique, aux mathématiques et à la philosophie.

1894 Sa famille s'installe en Italie, mais Albert reste à Munich pour finir sa scolarité. Il quitte le *Gymnasium* à la fin de l'année et rejoint sa famille en Italie.

1895 Tente d'entrer à l'Institut polytechnique fédéral, ou *Polytechnicum* (aujourd'hui l'ETH — Eidgenössische Technische Hochschule) de Zurich à l'automne, deux ans avant l'âge d'admission normal, mais rate l'examen d'entrée. À la place, suit les cours de l'École du canton d'Argovie à Aarau et habite chez l'un de ses professeurs, Jost Winteler, et sa famille.

1896 Renonce à la nationalité allemande à cause de son dégoût pour la mentalité militariste du pays et reste apatride pendant les cinq années qui suivent. À l'automne, reçoit le diplôme de l'École d'Argovie, ce qui lui permet d'entrer à l'Institut polytechnique fédéral, et s'installe à Zurich à la fin du mois d'octobre.

1899 À l'âge de vingt ans, demande la nationalité helvétique.

1900 Obtient le diplôme de l'Institut polytechnique, mais sa candidature à un poste d'assistant au « Poly » pour le premier semestre est rejetée. Pendant l'été, fait part à sa mère — qui tente de l'en dissuader — de son intention d'épouser une étudiante rencontrée à l'Institut, Mileva Maric. À la fin de l'année, envoie son premier article scientifique aux *Annalen der Physik.*

1901 Devient citoyen suisse. Cherche un emploi. Son premier article scientifique, « Conclusions tirées du phénomène de capillarité », est publié en mars. Pendant l'été, travaille comme professeur remplaçant à l'école technique de Winterthur, et à l'automne, comme tuteur dans un internat privé de Schaffhausen. Continue à fréquenter régulièrement Mileva. S'attelle à un mémoire de doctorat sur les forces moléculaires dans les gaz, qu'il soumet à l'université de Zurich en novembre. En décembre, soumet sa candidature au Bureau des brevets suisse, à Berne.

1902 Probablement en janvier, Mileva accouche d'une fille, Lieserl. Renonce à soumettre son mémoire de doctorat à l'université de Zurich. En juin, nommé à titre provisoire expert technique de troisième classe au Bureau des brevets de Berne. Son père décède en octobre à Milan.

1903 6 janvier, épouse Mileva à Berne, où le couple s'installe. En septembre, sa fille Lieserl est déclarée, ce qui laisse supposer qu'Einstein avait l'intention de la faire adopter au cas où cette naissance illégitime aurait été un frein pour l'obtention d'un emploi rémunéré par l'État helvétique. Plus aucune mention n'est faite de Lieserl après septembre, où l'on apprend qu'elle a contracté la scarlatine pendant un séjour de Mileva à Budapest. (Il semble que Lieserl n'ait jamais vécu avec ses parents, et toute trace d'elle a été perdue après cette date.) À cette époque, Mileva est à nouveau enceinte.

1904 14 mai, naissance à Berne de son fils Hans Albert (mort à Berkeley, Californie, en 1973). En septembre, Einstein est titularisé au Bureau des brevets de Berne.

1905 « L'année miraculeuse » d'Einstein, eu égard à ses publications scientifiques. 30 avril, soumet sa thèse de doctorat, « Une nouvelle évaluation des dimensions moléculaires », à la publication. Par ailleurs, publie trois de ses plus importants articles scientifiques : « La production et la transformation de la lumière d'un point de vue heuristique » (publié le 9 juin), qui traite de la théorie des quanta, et montre que le rayonnement électromagnétique interagit avec la matière, comme si le rayonnement avait une structure granulaire (ce qu'on appelle l'effet photo-électrique) ; « Du mouvement des petites particules en suspension dans un liquide immobile tel qu'induit par la théorie molécularo-cinétique de la chaleur » (18 juin), son premier article sur le mouvement brownien, qui débouchera sur les expériences qui valideront la théorie molécularo-cinétique de la chaleur ; et « Sur l'électrodynamique des corps en mouvement[1] » (26 septembre), son premier article sur la théorie de la relativité restreinte, un des principaux jalons du développement de la physique moderne. Un deuxième article, plus court, sur la relativité restreinte, publié le 21 novembre, contient l'équation $E = mc^2$ sous sa forme originale (voir *infra*, chapitre « Sur la science et les savants, les mathématiques et la technologie »).

1906 15 janvier, reçoit officiellement son doctorat de l'université de Zurich. Le 10 mars, est promu expert technique de deuxième classe, au Bureau des brevets.

1907 Alors qu'il travaille encore au Bureau des brevets, se met en quête d'un autre emploi, notamment à l'École cantonale de Zurich et à l'université de Berne.

1908 Devient *Privatdozent* (lecteur) à l'université de Berne. Sa sœur Maja passe son doctorat en langues romanes à l'université de Berne.

---

1. Titres originaux des trois articles : « Über einen die Erzeugnung und Verwandlung des Lichtes betreffenden heuristischen Gesischtpunkt », « Über die von der molekular-kinetischen Theorie der Warme geforderte Bewegung von in rujenden Flüssigkeiten suspendierten Teilchen », et « Zür Electrodynamik bewegter Körper ». (*N.d.T.*)

1909 7 mai, est nommé Professeur extraordinaire de physique théorique à l'université de Zurich, nomination qui devient effective au 15 octobre. Démissionne de ses emplois au Bureau des brevets suisse et à l'université de Berne. Reçoit son premier doctorat *honoris causa*, de l'université de Genève.

1910 Mars, sa sœur Maja épouse Paul Winteler, fils du professeur d'Einstein à Aarau. Le 28 juillet, naissance de son deuxième fils Eduard (mort en 1965 dans un hôpital psychiatrique à Burghölzli). En octobre, achève un article sur l'opalescence critique et le bleu du ciel, sa dernière contribution majeure dans le domaine de la physique statistique classique.

1911 Accepte le poste de directeur de l'Institut de physique théorique à l'université allemande de Prague, nomination effective au 1er avril, et renonce à ses fonctions à l'université de Zurich. S'installe à Prague avec sa famille. Le 29 octobre, assiste au premier congrès Solvay à Bruxelles.

1912 Noue une relation suivie avec sa cousine divorcée Elsa Löwenthal, et entame une correspondance sentimentale avec elle pendant que son propre mariage se désintègre. Accepte le poste de professeur de physique théorique à l'ETH de Zurich, et démissionne de ses fonctions à Prague.

1913 Septembre, ses fils Hans Albert et Eduard sont

baptisés dans la religion orthodoxe près de Novi Sad, la ville natale de leur mère, dans l'actuelle Yougoslavie. En novembre, est élu membre de l'Académie des sciences de Prusse et se voit proposer de nouvelles fonctions à Berlin, où réside Elsa Löwenthal. Ces fonctions comprennent une chaire à l'université de Berlin, sans obligation d'enseigner, et la direction du futur Institut de physique de l'empereur Guillaume (Kaiser Wilhelm), qui doit prochainement être créé. Démissionne de l'ETH.

1914 Avril, arrive à Berlin pour assumer ses nouvelles fonctions. Mileva et les enfants le rejoignent, mais retournent bientôt à Zurich, Mileva ne se plaisant pas à Berlin. Août, début de la guerre mondiale.

1915 Signe un « Manifeste aux Européens » en faveur de la culture européenne — probablement sa première prise de position politique publique. Novembre, achève son étude sur la structure logique de la relativité générale.

1916 Publie « Les origines de la théorie générale de la relativité » (étude qui constituera plus tard son premier livre) dans les *Annalen der Physik*. Mai, devient président de la Société de physique allemande. Publie trois articles sur la théorie des quanta.

1917 Février, écrit son premier article d'astronomie. Tombe malade (il souffre du foie et d'un ulcère). Elsa prend soin de lui. 1^er^ octobre, devient directeur de l'Institut de physique de l'empereur Guillaume. Après la Première Guerre mondiale, détiendra la double nationalité suisse et allemande.

1919 14 février, divorce de Mileva. Le jugement stipule qu'en cas d'attribution du prix Nobel, la dotation devra revenir à son ex-épouse et à ses enfants, pour subvenir à leurs besoins. 29 mai, pendant une éclipse solaire, sir Arthur Eddington mesure expérimentalement la déflexion de la lumière et confirme les prédictions d'Einstein ; la renommée d'Einstein en tant que personnage public prend corps. 2 juin, épouse Elsa, mère de deux filles célibataires, Ilse (vingt-deux ans) et Margot (vingt ans), qui vivent chez elle. Un peu plus tard dans l'année, commence à s'intéresser au sionisme par l'intermédiaire de son ami Kurt Blumenfeld.

1920 Mars, sa mère Pauline décède à Berlin. Des manifestations d'antisémitisme et d'hostilité à l'égard de la théorie de la relativité se multiplient parmi les Allemands, et cependant Einstein reste loyal à l'Allemagne. S'implique de plus en plus dans des causes non scientifiques.

1921 Avril et mai, effectue son premier voyage aux États-Unis. Donne quatre conférences sur la théorie de la relativité à l'université de Princeton et reçoit un doctorat *honoris causa.* Accompagne Chaïm Weizmann dans sa tournée pour recueillir des fonds aux États-Unis pour le compte de l'Université hébraïque de Jérusalem.

1922 Achève son premier article sur une théorie du champ unitaire. D'octobre à décembre, séjourne au Japon, après plusieurs escales pendant son voyage vers l'Extrême-Orient. Novembre, le prix Nobel de physique 1921 est décerné à Einstein pour « les services qu'il a rendus à la physique fondamentale, et notamment pour sa découverte de l'effet photoélectrique » ; beaucoup y voient un prix de consolation, dans la mesure où il n'est pas décerné spécifiquement pour sa théorie de la relativité, de plus en plus controversée. Les Princeton University Press aux États-Unis et Methuen & Co. en Grande-Bretagne publient *The Meaning of Relativity*, à partir des « Conférences de Stafford Little » (université de Princeton) de 1921.

1923 Visite la Palestine et l'Espagne.

1924 Sa belle-fille Ilse épouse Rudolf Kayser.

1925 Voyage en Amérique du Sud. En solidarité avec Gandhi, signe un manifeste contre le service militaire obligatoire universel. Devient un ardent pacifiste. Jusqu'en 1928, siège au bureau des directeurs de l'Université hébraïque.

1926 La Royal Astronomical Society de Grande-Bretagne lui décerne sa médaille d'or.

1927 Son fils Hans Albert épouse Frieda Knecht.

1928 Tombe à nouveau malade ; souffre cette fois du cœur. Doit rester allongé pendant plusieurs mois, et sa convalescence durera un an. En avril, recrute comme secrétaire Helen Dukas, qui restera à son service jusqu'à la fin de ses jours.

1929 Noue une amitié durable avec la reine Élisabeth de Belgique. En juin, reçoit la médaille Planck.

1930 Naissance de son premier petit-fils, Bernhard (fils de Hans Albert et Frieda). Sa belle-fille Margot épouse Dmitri Marianoff (dont elle devait plus tard divorcer). Signe un manifeste en faveur d'un désarmement mondial. Décembre, visite New York et Cuba, puis séjourne (jusqu'en mars 1931) au California Institute of Technology (CalTech) de Pasadena.

1931 Visite Oxford en mai, puis passe plusieurs mois dans sa résidence d'été de Caputh, au sud-ouest de Berlin.

1932 De décembre 1931 à mars 1932, séjourne à nouveau au CalTech. Regagne Berlin, et peu après accepte un poste de professeur à l'Institute for Advanced Study de Princeton, nomination qui prendra effet quand le campus sera achevé. En décembre, se rend à nouveau aux États-Unis.

1933 Janvier, les nazis accèdent au pouvoir. Démissionne de l'Académie des sciences de Prusse, renonce à la nationalité allemande (reste citoyen suisse) et ne rentre pas en Allemagne. Préfère se rendre en Belgique, à partir des États-Unis, et s'installe temporairement à Coq-sur-Mer. Ilse, Margot, Helen Dukas et Walther Mayer, un assistant, les rejoignent, et des gardes assurent leur protection. Voyage à Oxford et en Suisse, où il rend une dernière fois visite à son fils Eduard (il ne le reverra jamais). Rudolf Kayser, l'époux d'Ilse, parvient à faire envoyer en France, et de là, aux États-Unis, les papiers d'Einstein restés à Berlin. En septembre, quitte l'Europe en compagnie d'Elsa, Helen Dukas et Walther Mayer, et arrive à New York le 17 octobre à bord du *Westmoreland*; Ilse et Margot, et leurs conjoints, restent en Europe. Publie avec Sigmund Freud *Why War?* (*Pourquoi la guerre?*) Commence à enseigner à l'Institute for Advanced Study, temporairement installé dans le Fine Hall (l'actuel Jones Hall) sur le campus de l'université de Princeton.

1934 10 juillet, Ilse décède à Paris après une longue et douloureuse maladie. Margot et Dimitri rejoignent Princeton.

1935 À l'automne, déménage au 112 Mercer Street, à Princeton, où Einstein, Elsa, Margot et Helen Dukas passeront le reste de leurs jours. Reçoit la médaille Franklin.

1936 Hans Albert passe un doctorat en sciences appliquées à l'ETH de Zurich (il deviendra en 1947 professeur en ingénierie hydraulique à l'université de Californie à Berkeley). 20 décembre, Elsa décède après une longue bataille contre une maladie du cœur et des reins.

1939 Sa sœur Maja Einstein-Winteler vient s'installer à Mercer Street. Le 2 août, écrit sa fameuse lettre au Président Roosevelt sur les implications militaires de l'énergie atomique. La Seconde Guerre mondiale éclate en Europe.

1940 Reçoit la nationalité américaine. Gardera la double nationalité américaine et suisse jusqu'à sa mort. La nationalité américaine lui avait été proposée antérieurement par un vote du Congrès, mais Einstein a préféré attendre d'être naturalisé par la voie ordinaire.

1941 Les États-Unis entrent en guerre.

1943 Devient consultant pour le Bureau des armements de l'US Navy (Section des explosifs et munitions).

1944 Une copie récemment écrite de sa main de l'article originel de 1905 sur la théorie de la relativité restreinte est vendue aux enchères pour un montant de six millions de dollars en tant que contribution à l'effort de guerre.

1945 Fin de la Seconde Guerre mondiale. Prend officiellement sa retraite de l'Institute for Advanced Study, reçoit une pension, mais il y conservera un bureau jusqu'à sa mort.

1946 Victime d'une attaque, Maja doit restée alitée. Einstein devient président de la Commission d'urgence des savants atomiques (Emergency Committee of Atomic Scientists). Exhorte les Nations unies à former un gouvernement mondial, la seule manière, à ses yeux, de préserver durablement la paix.

1948 4 août, Mileva meurt à Munich. En décembre, les médecins d'Einstein lui apprennent qu'il souffre d'un grave anévrisme de l'aorte abdominale.

1950 18 mars, rédige son testament, par lequel il fait d'Otto Nathan son exécuteur, et d'Otto Nathan et Helen Dukas les administrateurs de sa succession. Son legs « littéraire » (ses archives) devra être transféré à l'Université hébraïque de Jérusalem après la mort d'Otto Nathan et Helen Dukas. (Des dispositions seront prises par la suite pour qu'il soit transféré plus tôt.)

1951 Juin, décès de Maja à Princeton.

1952 Se voit offrir la présidence d'Israël, qu'il décline.

1954 Développe une anémie hémolytique.

1955 11 avril, rédige sa dernière lettre, adressée à Bertrand Russell, par laquelle il accepte de signer un manifeste conjoint exhortant toutes les nations à renoncer aux armes nucléaires. Le 13 avril, est victime d'une rupture d'anévrisme. Le 15, entre à l'hôpital de Princeton. Le 18, Albert Einstein décède à 1 h 15 du matin d'une rupture d'anévrisme de l'aorte abdominale, consécutive à une artériosclérose.

# *Sur lui-même*

Un homme heureux est trop satisfait du présent pour se soucier de l'avenir.

> Écrit à dix-sept ans (18 septembre 1896) pour une dissertation de français dont le sujet était « Mes projets d'avenir » ; *CPAE*, vol. I, doc. 22.

J'ai décidé la chose suivante à propos de notre avenir : je chercherai immédiatement une situation, si humble soit-elle. Mes buts scientifiques et ma vanité personnelle ne m'empêcheront pas d'accepter le poste le plus subalterne.

> Lettre à sa future épouse Mileva Maric, 7 juillet 1901, alors qu'il éprouvait des difficultés à trouver un premier emploi ; *CPAE*, vol. I, doc. 114.

Je me suis fait une raison de l'inconstance des rapports humains, et j'ai appris à m'isoler de la chaleur et du froid, de telle sorte que l'équilibre de la température soit parfaitement assuré.

> Lettre à Heinrich Zangger, 10 mars 1917 ; Archives Einstein 39-680.

Voici encore une autre application du principe de la relativité (...) : aujourd'hui, je passe en Allemagne pour un « savant allemand », et en Angleterre, pour un « Juif suisse ». Si d'aventure j'étais un jour considéré comme une *bête noire**[1], je serais tenu, à l'inverse, pour un « Juif suisse » par les Allemands et pour un « savant allemand » par les Anglais.

Lettre au *Times*, 1919, cité in Hoffmann, *Albert Einstein : Creator and Rebel*, p. 139 ; également cité in Frank, *Einstein : His Life and Times*, p. 144.

Avec la gloire, je deviens de plus en plus stupide, ce qui, je le reconnais, est un phénomène très courant.

Lettre à Heinrich Zangger, décembre 1919 ; Archives Einstein 39-726 ; également cité in Dukas et Hoffmann, *Albert Einstein, the Human Side*, p. 8.

Qu'il me soit permis de te dire à quoi je ressemble : un visage pâle, de longs cheveux, et une petite bedaine naissante. En plus de cela, une effroyable allure, un cigare aux lèvres (...) et un stylo dans la poche ou à la main. Mais l'auteur de ces lignes n'a ni jambes torses, ni verrues ; il est donc assez beau — j'ajoute qu'il n'a pas de poils sur les mains, comme on en rencontre souvent chez les hommes laids. Il est donc vraiment dommage que tu n'aies pas encore fait ma connaissance.

Carte postale à sa cousine Elizabeth Ney, âgée de huit ans, septembre 1920, Archives Einstein 36-525 ; également cité in Dukas et Hoffmann, *op. cit.*, p. 44.

---

1. Les mots en italique suivis d'un astérisque sont en français dans le texte original. (*N.d.T.*)

Comme l'homme des contes de fées qui transforme tout ce qu'il touche en or, avec moi tout se transforme en potins de journaux.

Lettre à Max Born, 9 septembre 1920 ; Archives Einstein 8-151.

Personnellement, j'éprouve le plaisir le plus grand au contact des œuvres d'*art.* Elles me procurent des sentiments de bonheur d'une intensité que je ne peux ressentir dans aucun autre domaine.

1920 ; cité in Moszkowski, *Conversations with Einstein,* p. 184.

Il m'a toujours paru injuste, voire de mauvais goût, de vouer à quelques individus en particulier une admiration sans limites — en leur prêtant des pouvoirs spirituels et moraux surhumains. Tel a été mon lot, et le contraste entre l'idée que se font les gens de mes capacités et accomplissements, d'une part, et la réalité, d'autre part, est tout simplement grotesque.

Extrait d'une interview pour le *Nieuwe Rotterdamsche Courant,* 1921 ; reproduit in *Ideas and Opinions,* pp. 3-7.

Si ma théorie de la relativité s'avère valide, l'Allemagne me revendiquera en tant qu'Allemand, et la France déclarera que je suis un citoyen du monde. Si ma théorie se révèle fausse, la France dira que je suis un Allemand, et l'Allemagne déclarera que je suis un Juif.

Extrait d'une allocution prononcée devant la Société française de philosophie à la Sorbonne, 6 avril 1922 ; voir coupure de presse française, 7 avril 1922, Archives Einstein 36-378, et *Berliner Tageblatt,* 8 avril 1922, Archives Einstein 79-535.

Pour me punir de mon mépris de l'autorité, le Destin a fait de moi-même une autorité.

Déclaration à un ami, 18 septembre 1930 ; Archives Einstein 36-598; également cité in Hoffmann, *op. cit.*, p. 24.

Je suis un modèle pour artiste.

31 octobre 1930, réponse à un passager l'interrogeant sur son métier, reflétant l'impression éprouvée par Einstein de poser en permanence pour des sculpteurs et des peintres ; Archives Einstein 21-006 ; également cité in Hoffmann, *op.cit.*, p. 4.

Je n'ai jamais considéré l'aisance et le bonheur comme des fins en soi — un tel fondement éthique constitue à mes yeux un idéal de porcherie. (...) Les idéaux qui ont éclairé ma voie, et qui, à maintes reprises, m'ont rendu courage pour affronter la vie le cœur léger ont été la Bonté, la Beauté et la Vérité.

Extrait de « What I Believe », in *Forum and Century* 84 (1930), pp. 193-194 ; reproduit in *Ideas and Opinions*, pp. 8-11.

Je suis véritablement un « voyageur solitaire », et je ne me suis jamais senti pleinement chez moi, ni dans mon pays, ni dans mon foyer, ni avec mes amis, ni même dans ma famille proche. Au regard de tout cela, je ne me suis jamais départi d'un sentiment de distance, et d'un besoin d'isolement.

*Ibid.*

Cent fois par jour, je me rappelle que mes vies privée et publique reposent sur ce que d'autres, vivants ou non, ont accompli, et que je dois m'efforcer de donner autant que j'ai reçu, et que je reçois encore.

*Ibid.*

J'ai été l'objet d'une admiration et d'une vénération excessives de la part de mes contemporains, sans avoir jamais rien commis, ni en mal, ni en bien, pour les mériter. C'est là une ironie du destin.

*Ibid.*

S'agissant de vos publications, le professeur Einstein vous prie de faire pour l'instant comme s'il était déjà mort.

Écrit pour le compte d'Einstein par sa secrétaire, Helen Dukas, en mars 1931, alors qu'il était assailli par des correspondants lui adressant leurs manuscrits ; Archives Einstein 46-487.

Bien que je sois le type même du solitaire dans ma vie de tous les jours, ma conscience d'appartenir à la communauté invisible de ceux qui aspirent à la vérité, à la beauté et à la justice m'a préservé d'un sentiment d'isolement.

Extrait de « My Credo », pour la Ligue allemande des droits de l'homme, 1932 ; cité in Leach, *Living Philosophies*, p. 3.

Bien que je m'applique à être universel dans mes pensées, je reste européen par instinct et inclination.

*Daily Express* (Londres), 11 septembre 1933 ; cité in Holton, *Advancement of Science*, p. 126.

Les gens me flattent tant qu'ils ne me trouvent pas en travers de leur chemin. [Sinon] ils se mettent immédiatement à médire et à me calomnier pour défendre leurs intérêts.

Lettre à un ami pacifiste, publiée in *Mein Weltbild*, 1934.

Je me suis fort bien acclimaté ici. Je vis comme un ours dans sa grotte, et, de toute ma vie mouvementée, je ne me suis jamais senti aussi bien. Ce naturel farouche s'est accentué avec la mort de ma compagne, qui était plus sociable [que moi].

Lettre à Max Born, circa 1937, après la mort de la femme d'Einstein, Elsa ; cité in Born, *Einstein-Born Briefwechsel*, p. 177.

Je n'aurais plus de goût pour la vie si je n'avais pas mon travail. (...) En tout cas, c'est une bonne chose que je sois déjà vieux et que, pour ma part, je n'aie plus un long avenir devant moi.

Lettre à Michele Besso, 10 octobre 1938, à propos de l'ascension d'Hitler ; Archives Einstein 7-376.

Comment se fait-il que personne ne me comprenne, et que tout le monde m'aime ?

Extrait d'une interview donnée au *New York Times*, 12 mars 1944.

Je ne m'inquiète jamais de l'avenir. Il arrive bien assez tôt.

Aphorisme, 1945-1946 ; Archives Einstein 35-570.

Je dois m'excuser auprès de toi de compter encore au nombre des vivants. Mais il y aura bientôt un remède à cela, je te rassure.

Lettre à une fillette, Tyffany Williams, 25 août 1946, qui avait exprimé sa surprise qu'Einstein soit encore en vie ; Archives Einstein 46-612.

On a déjà publié de telles kyrielles de mensonges éhontés et d'inventions pures sur mon compte que je me serais depuis longtemps réfugié dans ma tombe si je leur avais prêté la moindre attention.

Lettre à l'écrivain Max Brod, 22 février 1949 ; Archives Einstein 34-066.

Mon travail scientifique est motivé par un irrésistible désir de comprendre les secrets de la nature, à l'exclusion de toute autre considération. Mon amour pour la justice et mon aspiration à contribuer au progrès de l'humanité sont tout à fait indépendants de mes préoccupations scientifiques.

Lettre à F. Lentz, 20 août 1949, en réponse à une lettre interrogeant Einstein sur ses motivations scientifiques ; Archives Einstein 58-418.

Il faut perdre l'habitude de mesurer l'homme à l'aune d'un idéal.

*Ibid.*

C'est une chose étrange d'être si connu, et cependant d'être si seul. Mais c'est un fait que ce genre de popularité (...) accule sa victime à une position défensive qui la conduit à s'isoler.

Lettre à E. Marangoni, 1er octobre 1952 ; Archives Einstein 60-406.

Je n'ai pas de talents particuliers. Je suis juste passionnément curieux.

Lettre à Carl Seelig, 11 mars 1952 ; Archives Einstein 39-013.

Toute ma vie, je me suis occupé de matières objectives ; de ce fait, je manque à la fois de l'aptitude naturelle et de l'expérience qui me permettraient d'entretenir des relations harmonieuses avec autrui, et d'exercer des fonctions officielles.

Message à Abba Eban (18 novembre 1952) dans lequel Einstein décline la proposition qui lui était faite d'assurer les fonctions de président de l'État d'Israël après la mort de Chaïm Weizmann ; Archives Einstein 28-943.

Dans le passé, il ne m'est jamais venu à l'esprit que chacune de mes remarques, même les plus banales, serait relevée et consignée par écrit. Si j'avais su, je serais rentré plus loin dans ma coquille.

Lettre à Carl Seelig, 25 octobre 1953 ; Archives Einstein 39-053.

Toutes sortes de fables sont attachées à ma personnalité, et le nombre de contes ingénieusement fabriqués à mon sujet est illimité. J'apprécie et je respecte d'autant plus ce qui est authentique et véridique.

Lettre à la reine Élisabeth de Belgique, 28 mars 1954 ; Archives Einstein 32-410.

Je ne suis pas le genre de snob ou d'exhibitionniste que vous croyez, et surtout, je n'ai rien d'intéressant à dire (sur un sujet de portée générale) comme vous semblez le penser.

Réponse à une lettre (mai 1954) dans laquelle il lui était demandé d'adresser un message à un nouveau musée au Chili, pour être gravé sur une plaque et admiré par les futurs visiteurs ; Archives Einstein 60-624.

Il est tout à fait curieux, voire anormal, qu'avec votre connaissance superficielle du sujet vous soyez si confiant en votre jugement. Je regrette, mais je n'ai pas de temps à perdre avec des dilettantes.

Lettre à un certain G. Lebau, dentiste de son état, qui prétendait avoir découvert une théorie plus aboutie de la relativité (10 juillet 1954) ; le dentiste retourna la lettre d'Einstein, avec un mot écrit au bas de la page : « J'ai trente ans ; apprendre l'humilité prend du temps. » Archives Einstein 60-226 et 60-227.

Si j'étais à nouveau un jeune homme et devais décider comment gagner ma vie, je n'essaierais pas de devenir savant, chercheur ou enseignant. Je choisirais plutôt de devenir plombier ou colporteur, afin de trouver cette modeste part d'indépendance dont on peut encore bénéficier dans les circonstances présentes.

Déclaration au *Reporter*, 18 novembre 1954 ; également cité in Nathan et Norden, *Einstein on Peace*, p. 613.

Étudiant par moi-même, ce n'est qu'en mathématiques et en physique que j'étais loin en avance sur le programme scolaire, ainsi qu'en philosophie, pour autant que cela avait à voir avec le cursus.

Extrait d'une lettre de 1955, cité in Hoffmann, *Albert Einstein : Creator et Rebel*, p. 20.

Les secrets suffisent à mon émerveillement.

Cité in *Einstein Biography*, documentaire d'A&E Television, VPI International, 1991.

Des flèches de haine ont également été décochées dans ma direction, mais elles ne m'ont jamais touché, parce que, d'une certaine manière, elles appartiennent à un autre monde avec lequel je n'entretiens aucune relation, de quelque sorte que ce soit.

Cité in *Out of My Later Years*, p. 13.

Dans le domaine des mathématiques, mon intuition n'était pas assez forte pour faire clairement la différence entre ce qui est fondamentalement important (...) et ce qui relève de l'érudition plus ou moins superflue. Aussi, mon intérêt pour l'étude de la nature était sans aucun doute plus fort. (...) Dans ce domaine, j'ai vite appris à flairer ce qui est potentiellement de l'ordre du fondamental et à laisser de côté (...) la multitude de choses qui encombrent l'esprit et le détournent de l'essentiel.

Cité in Schilpp, *Autobiographical Notes*, p. 15.

La seule manière de ne pas se laisser corrompre par les louanges est de continuer à travailler. (...) Il n'en existe aucune autre.

Cité par Lincoln Barnett, « On His Centennial, the Spirit of Einstein Abides in Princeton », *Smithsonian*, février 1979, p. 74.

Dieu m'a donné l'entêtement d'un mulet, et un assez bon flair.

Cité in Whitrow, *Einstein : The Man and His Achievement*, p. 91.

Quand j'étais jeune, tout ce que j'espérais et attendais de la vie, c'était de pouvoir rester tranquillement dans mon coin pour faire mon boulot, et que personne ne s'occupe de moi. Voyez ce qu'il est advenu de moi !

Cité in Hoffmann, *Albert Einstein, Creator and Rebel*, p. 4.

Quand je m'examine et examine mes façons de penser, j'en viens presque à la conclusion que le don de l'imagination a davantage compté pour moi que mon aptitude à assimiler des connaissances pures.

Rapporté par un ami lors du centième anniversaire de la naissance d'Einstein, célébré le 18 février 1979 ; cité par Ryan, *Einstein and the Humanities*, p. 125.

Je n'ai jamais tiré de valeurs éthiques de mon œuvre scientifique.

Cité in Michelmore, *Einstein, Profile of the Man*, p. 251.

Je me méfie de ce simple mot — « nous » — et voici
[pourquoi :
Aucun homme ne peut dire d'un autre : « Il ne fait
[qu'un avec moi. »
Tout accord dissimule un rendez-vous manqué.
Tout accommodement recouvre un abîme caché.

Quatrain cité in Dukas et Hoffmann, *Albert Einstein, the Human Side*, p. 100.

Ici s'achève ma tâche.

Mots prononcés sur son lit de mort; Archives Einstein 39-095.

# *Sur l'Allemagne et les Allemands*

Berlin est l'endroit auquel je suis le plus étroitement attaché, par des liens à la fois humains et scientifiques.

Lettre à K. Haenisch, ministre de l'Éducation prussien, 8 septembre 1920 ; Archives Einstein 36-022 ; cité in Frank, *Einstein : His Life and Times*, p. 169 ; également cité dans le *New York Times*, 21 novembre 1920, p. 10.

L'Allemagne a eu le malheur d'être empoisonnée, d'abord par excès de richesses, puis par manque.

Aphorisme, 1923 ; Archives Einstein 36-591.

Les déclarations que j'ai communiquées à la presse avaient trait à mon intention de démissionner de mes fonctions à l'Académie et de renoncer à ma nationalité prussienne ; j'ai donné comme raison de ces démarches le fait que je ne voulais plus vivre dans un pays où l'individu ne bénéficie plus de l'égalité devant la loi et de la liberté de dire et d'enseigner ce qu'il veut.

Lettre à l'Académie des sciences de Prusse, 5 avril 1933 ; Archives Einstein 29-295.

Vous avez également remarqué qu'une « bonne parole » de ma part pour le « peuple allemand » aurait produit un grand effet à l'étranger. À cela je dois répondre que ce témoignage que vous appelez de vos vœux aurait équivalu à une répudiation de toutes ces notions de justice et de liberté pour lesquelles je me suis battu toute ma vie. Un tel témoignage ne serait pas, comme vous le dites, un encouragement pour la nation allemande.

Réponse à l'Académie des sciences de Prusse, 12 avril 1933, après qu'elle eut accepté la démission d'Einstein ; Archives Einstein 29-297.

Je ne puis comprendre la passivité de la réponse de l'ensemble du monde civilisé à cette barbarie moderne. Le monde ne voit-il pas qu'Hitler veut la guerre ?

1er octobre 1933 ; cité par un reporter du *Bunte Welt* (Vienne) ; cité in Pais, *Einstein Lived Here*, p. 194.

La mentalité militariste à l'excès de l'État allemand m'était étrangère, même petit garçon. Quand mon père a émigré en Italie, il a entrepris à ma demande des démarches pour que je m'affranchisse de la nationalité allemande, car je voulais devenir citoyen suisse.

1933, cité in Hoffmann, *Albert Einstein : Creator and Rebel*, p. 26.

L'Allemagne était jadis un oasis [culturel] dans le désert.

Lettre à Alfred Kerr, juillet 1934 ; Archives Einstein 50-687.

Pendant des siècles (...) les Allemands ont été habitués à travailler avec ardeur et à emmagasiner un grand nombre de connaissances, mais ils ont également été habitués à la soumission servile, à la routine militaire, et à la brutalité.

Tiré d'un manuscrit inédit, 1935 ; cité in Nathan et Norden, *Einstein on Peace*, p. 263.

Ils ont toujours eu tendance à traiter leurs psychopathes comme des chevaliers, mais ils ne s'y sont jamais pris dans ce domaine avec autant de succès que de nos jours.

Griffonné au verso d'une lettre datée du 28 juillet 1939 ; Archives Einstein 53-160.

Étant donné leurs lamentables traditions, les Allemands sont si dérangés qu'il sera très difficile de remédier à la situation par des moyens sensés, sinon humains. J'espère que vers la fin de la guerre (...) ils s'entre-tueront à grande échelle.

Lettre à Otto Juliusburger, été 1942 ; Archives Einstein 38-199 ; également cité in Sayen, *Einstein in America*, p. 246.

Les Allemands en tant que peuple tout entier sont responsables des meurtres de masse et doivent être punis en tant que peuple. (...) Derrière le parti nazi se tenait le peuple allemand, qui avait élu Hitler après que ce dernier, dans son livre et ses discours, n'eut fait aucun mystère de ses innommables intentions, sans la moindre possibilité de malentendu.

Sur les héros du ghetto de Varsovie, in *Bulletin of the Society of Polish Jews*, New York 1944.

Après le massacre de mes frères juifs en Europe par les Allemands, je n'ai plus rien à faire avec ces derniers. (…) Il en va [cependant] autrement avec ces quelques Allemands qui sont restés fermes, dans les limites de ce qui était possible.

Lettre à Arnold Sommerfeld, 14 décembre 1946 ; Archives Einstein 21-368 (Einstein rangeait Otto Hahn, Max von Laue, Max Planck et Arnold Sommerfeld parmi ces « quelques » Allemands).

Le crime des Allemands est véritablement le plus abominable dont on ait gardé le souvenir dans l'histoire des nations dites civilisées. La conduite des intellectuels allemands — considérés en tant que groupe — n'a guère été plus brillante que celle de la populace.

Lettre à Otto Hahn, 28 janvier 1949 ; Archives Einstein 12-072.

# *Sur ses amis, savants et autres*

## *SUR MICHELE BESSO*

Il a désormais quitté ce monde étrange un peu en avance sur moi. Cela ne signifie rien. Pour nous physiciens croyants, la distinction entre le passé, le présent et l'avenir n'est qu'une illusion obstinément entretenue.

À propos de son ami de longue date Michele Besso, dans une lettre de condoléances à la famille Besso, le 21 mars 1955, moins d'un mois avant sa propre mort ; Archives Einstein 7-245.

Ce que j'admirais le plus en lui en tant qu'être humain, c'est qu'il ait réussi à vivre pendant tant d'années non seulement en paix, mais également dans une harmonie durable avec une femme — une entreprise dans laquelle j'ai échoué par deux fois d'une manière plutôt indigne.

*Ibid.*

## *SUR NIELS BOHR*

Rarement dans ma vie un être humain m'a donné autant de joie par sa seule présence que vous ne l'avez fait.

Lettre à Niels Bohr, 2 mai 1920 ; Archives Einstein 8-065.

Bohr était ici, et je suis amoureux de lui autant que vous. Il est comme un enfant extrêmement sensible qui évolue dans ce monde dans une sorte de transe.

Lettre à Paul Ehrenfest, 4 mai 1920 ; Archives Einstein 9-486.

C'est vraiment un homme de génie. (...) J'ai entièrement confiance en sa façon de penser.

Lettre à Paul Ehrenfest, 23 mars 1922 ; Archives Einstein 10-035.

Il émet ses opinions comme quelqu'un qui tâtonne perpétuellement, et non comme quelqu'un qui croirait posséder la vérité définitive.

Lettre à Bill Becker, 20 mars 1954 ; Archives Einstein 8-109.

## *SUR LOUIS BRANDEIS*[1]

Je ne connais aucune autre personne qui combine des dons intellectuels aussi profonds avec une telle abnégation, la signification de toute sa vie ayant été de rendre service à la communauté.

Lettre au président de la Cour suprême Louis Brandeis, 10 novembre 1936; Archives Einstein 35-046.

## *SUR MARIE CURIE*

Je ne pense pas que Marie Curie soit assoiffée de pouvoir ou de quoi que ce soit. C'est une personne honnête, sans prétention, portant plus que sa part de responsabilités et de fardeaux. Elle a une intelligence pétillante, mais malgré sa nature passionnée, elle n'est pas assez attirante pour représenter un danger pour quiconque.

Lettre à Heinrich Zangger, 7 novembre 1911, à propos de la liaison supposée de Marie Curie avec le physicien français Paul Langevin, qui était un homme marié; *CPAE*, vol. V, doc. 303.

Je vous suis profondément reconnaissant, à vous et à vos amis, de m'avoir si cordialement autorisé à participer à votre vie de tous les jours. Assister à une si merveilleuse camaraderie est la chose la plus exaltante que

1. Candidat des Juifs d'Amérique (et rival de Weizmann) à la présidence de l'Organisation sioniste mondiale. (*N.d.T.*)

je puisse imaginer. Tout semble si naturel et si simple avec vous, comme une belle œuvre d'art. (...) Je voulais vous demander pardon si d'aventure mes manières grossières vous avaient offusquée.

Lettre à Marie Curie, 3 avril 1913; *CPAE*, vol. V, doc. 435.

Mme Curie est très intelligente, mais aussi froide qu'un hareng. Je veux dire par là qu'elle est dépourvue de tout sentiment, de joie comme de tristesse. Pratiquement la seule manière qu'elle a d'exprimer ses sentiments est de se répandre en invectives contre tout ce qu'elle n'aime pas. Et elle a une fille qui est encore pire — on dirait un général. Cette fille est elle aussi très douée.

Lettre à Elsa Löwenthal, 11 (?) août 1913; *CPAE*, vol. V, doc. 303.

Sa force, la pureté de sa volonté, sa rigueur à l'égard d'elle-même, son objectivité, son jugement incorruptible — ce sont là des qualités que l'on trouve rarement réunies chez une seule personne. (...) Une fois qu'elle avait décidé qu'une direction était la bonne, elle la suivait sans la moindre concession et avec une extrême ténacité.

Extrait d'un discours prononcé pour l'anniversaire de la mort de Marie Curie au musée Roerich (New York), le 23 novembre 1935; Archives Einstein 5-142.

## *SUR PAUL EHRENFEST*

L'impression, objectivement injustifiée, qu'il avait de n'être jamais à sa place, le tourmentait sans cesse, le privant souvent de la paix d'esprit nécessaire à une recherche sereine. (...) Sa tragédie tenait précisément dans un manque de confiance en lui-même quasi morbide. (...) Le plus fort attachement de sa vie était celui qui le liait à sa femme et collaboratrice (...) son égale intellectuelle. (...) Il le lui rendait en lui vouant une vénération et un amour tels qu'il m'en a rarement été donné de voir dans ma vie.

Au lendemain du suicide de son ami intime, le physicien Paul Ehrenfest; cité in *Almanak van het Leidsche Studentencorps* (Doesburg-Verlag, Leiden, 1934).

## *SUR MICHAEL FARADAY*

Cet homme aimait la mystérieuse Nature comme un amant aime sa lointaine bien-aimée.

Lettre à Gertrud Warschauer, 27 décembre 1952; Archives Einstein 39-517.

## *SUR SIGMUND FREUD*

Le vieux (...) était un homme d'une grande pénétration; aucune illusion ne le berçait au moment de s'endormir, hormis une foi souvent exagérée en ses propres idées.

Lettre à A. Bacharach, 25 juillet 1949; Archives Einstein 57-629.

## *SUR GALILÉE*

Hélas, la vanité se retrouve chez tant de savants ! Cela m'a toujours navré que Galilée n'ait pas reconnu l'œuvre de Kepler.

À I. Bernard Cohen, avril 1955 ; cité in French, *Einstein : A Centenary Volume*, p. 41.

## *SUR GANDHI*

Un leader pour son peuple, soutenu par aucune autorité extérieure ; un homme politique dont la réussite ne repose ni sur un artifice, ni sur la maîtrise de moyens techniques, mais simplement sur le pouvoir de conviction de sa personnalité ; un combattant victorieux qui a toujours dédaigné l'usage de la force ; un homme de sagesse et d'humilité, armé d'une détermination et d'une suite dans les idées inflexible, qui a voué toutes ses forces à l'édification de son peuple et à l'amélioration de son sort ; un homme qui a affronté la brutalité de l'Europe avec la dignité d'un simple être humain, et par là même, porté à tout jamais au rang des êtres d'exception.

Les générations à venir, peut-être, auront peine à croire qu'un tel être de chair et de sang ait un jour foulé le sol de notre planète.

Déclaration à l'occasion du soixante-dixième anniversaire de Gandhi, 1939 ; inédit, cité in Dukas et Hoffmann, *Albert Einstein, the Human Side*, p. 94.

Je pense que Gandhi, de tous les hommes politiques de notre temps, professait les opinions les plus éclairées. Nous devrions nous efforcer d'agir dans son esprit; de ne pas utiliser la violence en combattant pour notre cause et de nous abstenir de prendre part à toute initiative qui nous paraîtrait répréhensible.

*New York Times*, 19 juin 1950 ; également cité in Pais, *Einstein Lived Here*, p. 110.

Gandhi, le plus grand génie politique de notre temps (...) a apporté la preuve du sacrifice dont l'homme est capable une fois qu'il a découvert le droit chemin.

Lettre au Asian Congress for World Federation, novembre 1952; cité in Nathan et Norden, *Einstein on Peace*, p. 584.

Le parcours suivi par Gandhi est le résultat de la combinaison de forces intellectuelles et morales extraordinaires avec un génie politique supérieur et une conjoncture exceptionnelle.

1953; *ibid.*, p. 594.

## *SUR GOETHE*

Je sens en lui une certaine condescendance à l'égard du lecteur, un certain manque de cette humilité qui, surtout chez les grands hommes, exerce un effet si réconfortant.

Lettre à L. Caspar, 9 avril 1932; Archives Einstein 49-380.

## *SUR HITLER*

Un homme aux capacités intellectuelles limitées et apte à aucun travail utile, crevant d'envie et d'amertume contre tous ceux que le destin et la nature a favorisés par rapport à lui. (...) Il a ramassé les épaves de la société dans la rue et dans les tavernes, et les a réunies autour de lui.

Extrait d'un manuscrit inédit, 1935; cité in Nathan et Norden, *op. cit.*, pp. 263-264.

## *SUR HEIKE KAMERLINGH-ONNES*

Une vie a pris fin, qui restera toujours un modèle pour les générations futures. (...) Je n'ai connu aucune autre personne pour qui le devoir et la joie ne faisaient qu'un. C'est pourquoi sa vie a été si harmonieuse.

Lettre à la veuve du physicien néerlandais, 25 février 1926; Archives Einstein 14-389.

## *SUR KANT*

La chose qui m'apparaît la plus importante dans la philosophie de Kant est qu'elle parle d'un concept *a priori* pour la construction de la science.

Lors d'un débat devant la Société française de philosophie, juillet 1922; in *Bulletin de la Société française de philoso-*

*phie*, 22 (1922), p. 91 ; reproduit in *Nature* 112 (1923), p. 253.

## *SUR KEPLER*

Kepler est l'un des rares [hommes de son temps] qui étaient tout bonnement incapables de faire autre chose que de défendre ouvertement leurs convictions dans chaque domaine. (...) [Il n'a pu accomplir l']œuvre de sa vie qu'après avoir réussi à se libérer lui-même dans une large mesure des traditions intellectuelles dont il a été nourri. (...) Il n'en fait pas état, mais ses lettres sont le reflet de son combat intérieur.

Extrait de la préface aux *Johannes Kepler's Letters*, éd. Mrs David Baumgardt, restée inédite [1949].

## *SUR PAUL LANGEVIN*

S'il aime Mme Curie et si elle l'aime, ils n'ont pas besoin de s'enfuir, car ils ont toutes sortes d'occasions de se rencontrer dans Paris. Mais je n'ai pas du tout l'impression qu'il y ait quelque chose de spécial entre eux; j'ai plutôt le sentiment qu'ils sont liés tous les trois par une relation bon enfant et innocente.

Lettre à Heinrich Zangger, 7 novembre 1911, à propos des rumeurs concernant la liaison du physicien français avec Marie Curie; *CPAE*, vol. V, doc. 303.

J'étais déjà au courant du décès de Langevin. C'est un des êtres qui m'étaient les plus chers, un véritable saint, et avec cela extrêmement doué. Il est vrai que les hommes politiques ont exploité sa bonté, dans la mesure où il était incapable de percer à jour la bassesse, qui était si étrangère à sa nature.

Lettre à Maurice Solovine, 9 avril 1947 ; Archives Einstein 21-250.

## *SUR LÉNINE ET ENGELS*

En dehors de la Russie, Lénine et Engels ne sont pas considérés comme des penseurs scientifiques, et personne ne trouverait intérêt à les réfuter comme tels. Il doit en être de même en Russie, à cette différence près que personne là-bas n'ose le dire tout haut.

Lettre à K. R. Leistner, 8 septembre 1932 ; Archives Einstein 50-877.

## *SUR H. A. LORENTZ*

Lorentz est une merveille d'intelligence et de tact exquis. Une œuvre d'art vivante ! À mon avis, c'était le plus intelligent des théoriciens présents [au congrès Solvay de Bruxelles].

Lettre à Heinrich Zangger, novembre 1911, à propos du physicien néerlandais, qu'Einstein aimait et admirait ; *CPAE*, vol. V, doc. 305.

Mon sentiment d'infériorité intellectuelle par rapport à vous ne peut gâcher le grand plaisir que j'ai éprouvé lors de [nos] conversations, surtout parce que la gentillesse paternelle que vous témoignez à tout un chacun nous prémunit de tout sentiment de découragement.

Lettre à Lorentz, 18 février 1912 ; *CPAE*, vol. V, doc. 360.

Il a façonné sa vie comme une exquise œuvre d'art, jusque dans le plus infime détail. Sa gentillesse et sa générosité de tous les instants, et son sens de la justice, couplés à une compréhension sûre et intuitive des gens et des affaires humaines, ont fait de lui une autorité dans tous les domaines qu'il a abordés.

Allocution devant la tombe d'H. A. Lorentz, 1928 ; reproduite in *Mein Weltbild.*

Les gens ne mesurent pas à quel point l'influence de Lorentz sur le développement de la physique a été importante. Nous ne pouvons imaginer comment elle aurait évolué si Lorentz n'avait pas apporté de si grandes contributions.

Cité par Robert Shankland in French, *Einstein : A Centenary Volume*, p. 39.

## *SUR ERNST MACH*

Chez lui, le plaisir immédiat que l'on éprouve à voir et à comprendre — l'*amor dei intellectualis* de Spinoza — était si fort qu'il regarda le monde avec les yeux curieux d'un enfant jusqu'à un âge avancé, de telle sorte qu'il put trouver joie et contentement en comprenant comment tout est relié.

Notice nécrologique pour le philosophe dont la critique de Newton avait joué un grand rôle dans le développement de la théorie de la relativité générale d'Einstein, même si Mach lui-même n'était pas d'accord avec cette théorie ; in *Physikalische Zeitschrift*, 1er avril 1916 ; *CPAE*, vol. VI, doc. 29.

Mach était un aussi bon spécialiste de mécanique qu'il était un déplorable philosophe.

Cité in *Bulletin de la Société française de philosophie*, 22 (1922), p. 91 ; reproduit in *Nature* 112 (1923), p. 253 ; voir aussi, *CPAE*, vol. VI, doc. 29, n. 6.

## *SUR ALBERT A. MICHELSON*

J'ai toujours pensé que Michelson était un artiste de la science. Sa plus grande joie semblait procéder de la beauté de l'expérience pour elle-même et de l'élégance de la méthode employée.

Lettre à Robert Shankland, 17 septembre 1953, à propos du physicien qui avait contribué expérimentalement à confirmer la théorie générale de la relativité ; Archives Einstein 17-203.

## *SUR NEWTON*

De par leur grandeur et leur lucidité, ses idées conserveront à tout jamais leur importance unique en tant que fondement de l'ensemble de notre structure conceptuelle moderne en matière de philosophie naturelle.

Déclaration au *Times* (Londres), 28 novembre 1919.

À mon avis, les plus grands génies créateurs sont Galilée et Newton, que je considère dans un certain sens comme formant une unité. Et dans cette unité Newton est [celui] qui a réalisé le plus imposant exploit dans le domaine de la science.

1920; cité in Moszkowski, *Conversations with Einstein*, p. 40.

Dans sa seule personne, il combinait l'expérimentateur, le théoricien, le mécanicien, et, surtout, l'artiste en représentation.

Extrait de l'« Introduction » à Newton, *Opticks* (McGraw-Hill, 1932).

Newton (...) tu as trouvé en ton temps la seule voie possible pour un homme doté des plus hauts pouvoirs de la raison et de la création. Les concepts que tu as créés guident encore aujourd'hui notre manière de penser en matière de physique, bien que nous sachions aujourd'hui qu'ils doivent être remplacés (...) si nous voulons parvenir à une compréhension plus profonde de l'interaction des forces de la nature.

Cité in Schilpp, *Albert Einstein : Philosopher-Scientist*, p. 31.

Newton a été le premier à trouver une base clairement formulée à partir de laquelle il a pu rendre compte d'une large gamme de phénomènes par le moyen de la pensée mathématique — logiquement, quantitativement, et en harmonie avec l'expérience.

*Manchester Guardian*, Noël 1942.

## *SUR EMMY NOETHER*

Venant de recevoir les derniers travaux de Fräulein Noether, j'estime une fois de plus qu'il est très injuste qu'elle ne puisse pas officiellement donner des cours. Je serais tout à fait favorable à ce que des mesures énergiques soient prises par le ministère [pour abroger cette règle].

Lettre à Felix Klein, 27 décembre 1918, à propos de la brillante mathématicienne qui n'avait pas le droit d'enseigner à l'université de Göttingen parce qu'elle était une femme ; Archives Einstein 14-459.

Ça n'aurait pas fait de mal à la Vieille Garde de Göttingen de lui emprunter une ou deux choses. Elle sait très bien ce qu'elle fait.

Carte postale à David Hilbert, 11 juin 1919 ; Archives Einstein 13-126.

De l'avis des mathématiciens vivants les plus compétents, Fräulein Noether a été dans le domaine des mathématiques le plus grand génie créateur qui ait jamais vu le jour depuis que les femmes ont commencé à avoir accès à l'enseignement supérieur.

Lettre au *New York Times* au lendemain de la mort d'Emmy Noether, 4 mai 1935.

## *SUR MAX PLANCK*

Comme ce serait différent, et comme ce serait mieux pour l'humanité s'il y en avait davantage comme lui !

(…) On dirait que les grands personnages, à n'importe quelle époque et sur n'importe quel continent, doivent rester à l'écart du monde, incapables d'influer sur les événements.

Lettre à Frau Planck, 10 novembre 1947, à propos de son mari, le physicien allemand Max Planck ; Archives Einstein 19-406.

C'est l'une des personnes les plus remarquables que j'aie rencontrées (…) mais il ne comprenait vraiment rien à la physique : pendant l'éclipse de 1919, il est resté debout toute la nuit pour voir si le phénomène confirmait la déflexion de la lumière par le champ gravitationnel. S'il avait vraiment compris [la théorie générale de la relativité], il serait allé se coucher comme moi.

Cité par Ernst Strauss in French, *Einstein : A Centenary Volume*, p. 31.

## *SUR FRANKLIN D. ROOSEVELT*

Quel que soit le moment auquel cet homme nous aurait quitté, nous aurions eu le sentiment d'avoir subi une perte irréparable… Puisse-t-il exercer une influence durable sur les cœurs et les esprits !

Déclaration au lendemain de la mort du président des États-Unis, à *Aufbau* (New York), 27 avril 1945. (Selon le *New York Times* du 19 août 1946, Einstein était convaincu que Roosevelt se serait opposé au bombardement atomique d'Hiroshima s'il avait été encore en vie. Einstein avait écrit une lettre à Roosevelt en mars 1945 dans laquelle il l'avertissait des effets dévastateurs de la bombe ; le Président décéda avant d'avoir pu la lire.)

Je suis si désolé que Roosevelt soit président — autrement, je lui rendrais visite plus souvent.

À son amie Frieda Bucky; cité in *The Jewish Quarterly* 15, n° 4 (hiver 1967-1968), p. 34.

## *SUR BERTRAND RUSSELL*

La clarté, la conviction et l'impartialité que vous appliquez aux sujets logiques, philosophiques et humains que vous abordez dans vos livres sont sans équivalent dans notre génération.

Lettre à Russell, 14 octobre 1931 ; Archives Einstein 33-155, 75-544 ; également cité in Grüning, *Ein Haus für Albert Einstein*, p. 369.

Les grands esprits ont toujours rencontré une violente opposition de la part des esprits médiocres. L'esprit médiocre est incapable de comprendre l'homme qui refuse de s'incliner aveuglément devant les préjugés et les conventions, et préfère exprimer ses opinions avec courage et honnêteté.

À propos de la controverse autour de la nomination de Russell comme professeur à la City University de New York ; cité dans le *New York Times*, 13 mars 1940.

## *SUR ALBERT SCHWEITZER*

C'est le seul Occidental à avoir exercé sur sa génération un ascendant moral comparable à celui de Gandhi. Comme dans le cas de Gandhi, l'ampleur de cet ascendant est dû quasi exclusivement à l'exemple qu'il a donné par l'œuvre de sa vie.

Déclaration inédite, 1953, initialement destinée au livre publié par Einstein en 1934, *Mein Weltbild*; cité in Sayen, *Einstein in America*, p. 296.

## *SUR SPINOZA*

Spinoza est l'un des hommes les plus profonds et les plus purs que notre race juive ait produits.

Dans une lettre de 1946, cité in Dürrenmatt, *Albert Einstein : Ein Vortrag*, p. 22.

## *SUR TOLSTOÏ*

Il demeure à bien des égards le plus éminent prophète de notre temps. (...) Il n'y a personne aujourd'hui qui ait la profondeur de vue et la force morale de Tolstoï.

Extrait d'une interview, « Peace Must Be Waged » pour *Survey Graphic*, août 1934 ; cité in Nathan et Norden, *Einstein on Peace*, p. 261.

## *SUR CHAÏM WEIZMANN*

L'élu du peuple élu.

Lettre à Weizmann, 27 octobre 1923 ; Archives Einstein 33-366.

# *Sur l'éducation et la liberté de l'esprit scientifique*

L'inclination de l'élève pour une profession particulière ne doit pas être négligée, surtout [parce qu']une telle inclination s'affirme habituellement à un âge précoce, étant déterminée par les dons personnels, l'exemple d'autres membres de la famille, et divers autres facteurs.

1920, cité in Moszkowski, *Conversations with Einstein,* p. 65.

La plupart des enseignants perdent leur temps à poser des questions tournées de manière à découvrir ce qu'un élève *ne sait pas,* alors que le véritable art de l'interrogation a pour but de découvrir ce qu'un élève sait ou est capable de savoir.

*Ibid.*

Il n'est pas si important que cela pour un enfant d'apprendre des faits. Pour ce faire, il n'a pas vraiment besoin d'un collège. Il peut les apprendre dans des livres. La valeur de l'enseignement dispensé dans un collège où sont professés les arts libéraux ne tient pas dans l'apprentissage de nombreux faits, mais dans l'entraînement de l'esprit à penser ce qui ne peut être appris dans les manuels.

1921 ; à propos de l'opinion de Thomas Edison selon laquelle l'enseignement dispensé dans les collèges est inutile; cité in Frank, *Einstein, His Life and Times*, p. 185.

Il vaudrait mieux ne commencer à enseigner aux autres qu'après avoir appris vous-même quelque chose.

À Arthur Cohen, âgé de douze ans, qui avait soumis un article à Einstein, 26 décembre 1928; Archives Einstein 25-044.

Ne considérez jamais vos études comme un devoir, mais comme l'occasion inappréciable d'apprendre à connaître l'influence libératrice de la beauté dans le domaine de l'esprit, pour votre joie personnelle et le profit de la communauté pour laquelle vous avez œuvré pendant l'année écoulée.

Dans le bulletin des étudiants de première année de Princeton, *The Dink*, 1933 ; cité in Don Oberdorfer, *Princeton : The First 250 Years* (Princeton University Press, 1995), p. 127.

L'humiliation et l'oppression morale dont se rendent coupables des enseignants ignorants et égoïstes causent à un esprit encore jeune des dommages qui ne peuvent être réparés et qui ont souvent des conséquences néfastes sur toute sa vie ultérieure.

Cité in *Almanak van het Leidsche Studentencorps* (Doesburg-Verlag, Leiden, 1934).

À mes yeux, la pire chose pour une école est de fonder l'essentiel de sa pédagogie sur la peur, la force et l'autorité artificielle. De telles méthodes détruisent la fermeté des sentiments, la sincérité, et la confiance en soi de l'élève. Elles produiront un sujet soumis.

Extrait d'une allocution prononcée à Albany, dans l'État de New York, le 15 octobre 1936 ; publié sous le titre « On Education » in *Out of My Later Years.*

Le but [de l'éducation] doit être de former des individus agissant et pensant librement, qui, cependant, verront dans le service rendu à la société le plus haut accomplissement de leur vie.

*Ibid.*

L'école devrait toujours avoir pour objectif que le jeune [adulte] la quitte une fois devenu une personnalité harmonieuse, et non un spécialiste.

*Ibid.*

[Le chercheur] au savoir spécialisé ressemble davantage à un chien bien dressé qu'à une personne harmonieusement développée.

*New York Times,* 5 octobre 1952.

La liberté d'enseignement et d'opinion par la voie du livre ou de la presse est le fondement du développement naturel et sain de n'importe quel peuple.

Lors d'un rassemblement du mouvement Freedom of Opinion, 1936, cité in *Einstein on Humanism,* p. 50.

L'écrasement des individus est à mon sens le pire aspect du capitalisme. Tout notre système pédagogique souffre de ce mal. Un sens exagéré de la compétition est inculqué à l'étudiant, qui est dressé pour vénérer la réussite à tout prix, en y voyant une préparation à sa future carrière.

Extrait de « Why Socialism? », *Monthly Review*, mai 1949.

L'enseignement devrait être envisagé de telle manière que ce qui est offert soit perçu comme un cadeau précieux, et non comme un devoir ingrat.

*New York Times*, 5 octobre 1952.

Par « liberté académique », j'entends le droit de rechercher la vérité et de publier et enseigner ce que l'on tient pour vrai. Ce droit implique aussi un devoir : on ne doit dissimuler aucun aspect de ce que l'on a reconnu pour vrai. Il est évident que toute restriction imposée à la liberté académique constitue une entrave à la diffusion des connaissances dans le public, et partant, un obstacle à la faculté de juger et d'agir de la nation.

Déclaration lors d'une conférence de l'Emergency Civil Liberties Committee, 13 mars 1954 ; cité in Nathan et Norden, *Einstein on Peace*, p. 551.

Dans l'enseignement de la géographie et de l'histoire, une compréhension bienveillante des cultures des différents peuples du monde — et notamment de ceux que nous avons l'habitude de qualifier de « primitifs » — devrait être favorisée.

Extrait de « The Schools and the Problem of Peace » ; cité in Dukas et Hoffmann, *Albert Einstein, the Human Side*, p. 72.

# *Sur les États-Unis et les Américains*

Je suis heureux d'être à Boston. J'en ai entendu parler comme de l'une des plus célèbres villes au monde et comme la capitale de l'enseignement. Je suis heureux d'être ici et espère apprécier mon séjour dans cette ville et à Harvard.

Lors de son voyage à Boston en compagnie de Chaïm Weizmann; *New York Times*, 17 mai 1921.

S'ils ont moins la fibre de la recherche que les Allemands, les Américains font en revanche montre de plus d'enthousiasme et d'énergie, ce qui permet une plus large diffusion des nouvelles idées parmi la population.

*New York Times*, 12 juillet 1921.

Le sourire sur les visages des gens (...) symbolise l'un des principaux atouts de l'Américain. Il est amical, confiant en lui, optimiste — et ignore l'envie.

Extrait d'une interview pour le *Nieuwe Rotterdamsche Courant*, 1921 ; également cité in *Berliner Tageblatt*, 7 juillet 1921 ; reproduit in *Ideas and Opinions*, pp. 3-7.

L'Américain vit encore plus pour ses objectifs, pour l'avenir, que l'Européen. La vie pour lui est toujours en devenir (...). Il est moins individualiste que l'Européen (...) il est davantage question pour lui de « nous » que de « je ».

*Ibid.*

J'éprouve une vive admiration pour les instituts de recherche scientifique américains. C'est de notre part une injustice que de vouloir attribuer exclusivement la supériorité croissante de la recherche américaine à ses moyens financiers supérieurs ; l'implication de tous les instants, la patience, l'esprit de camaraderie, et un talent pour la coopération jouent un rôle important dans ses succès.

*Ibid.*

Une attitude ferme est partout indispensable aux États-Unis ; autrement on ne reçoit que peu d'estime — et rien en retour.

Lettre à Maurice Solovine, 14 janvier 1922 ; Archives Einstein 21-157.

Je n'ai jamais essuyé de la part du beau sexe un rejet aussi énergique de mes avances ; ou, du moins, jamais d'un aussi grand nombre en même temps.

Réponse à une association de femmes américaines

(4 janvier 1928) qui avait protesté contre la venue d'Einstein aux États-Unis ; Archives Einstein 48-818 ; publiée in *Mein Weltbild*.

L'Amérique est aujourd'hui l'espoir de tous les hommes d'honneur qui respectent les droits de leurs prochains et qui croient aux principes de liberté et de justice.

« Message for Germany », dicté au téléphone le 7 décembre 1941 à un correspondant de la Maison Blanche ; cité in Nathan et Norden, *Einstein on Peace*, p. 320.

La seule fonction justifiable des institutions politiques est d'assurer le développement libre de l'individu. (...) C'est pourquoi je me considère moi-même particulièrement heureux d'être un Américain.

*Ibid.*

Il y a, cependant, une zone d'ombre dans l'organisation sociale des Américains. Leur sens de l'équité et de la dignité humaine est pour l'essentiel limité aux hommes à peau blanche. (...) Plus je me sens américain, plus cette situation m'afflige.

Extrait d'une allocution prononcée à l'université Lincoln à l'occasion de l'attribution au savant d'un doctorat honoraire, en mai 1946 ; cité in *Out of My Later Years*, dans le chapitre « The Negro Question », p. 127 ; voir aussi *infra*, Noirs/Racisme (« Sujets Divers »).

La séparation [entre juifs et gentils] est encore plus prononcée [aux États-Unis] qu'elle ne l'a jamais été dans aucun pays d'Europe occidentale, Allemagne comprise.

Lettre à Hans Muehsam, 24 mars 1948 ; Archives Einstein 38-371.

Je pense ne m'être jamais senti aussi étranger aux gens qui m'entourent qu'aujourd'hui. (...) Le pire est qu'il n'y a rien nulle part avec quoi l'on puisse s'identifier. Tout n'est que brutalité et mensonges.

Lettre à Gertrud Warschauer, 15 juillet 1950, à propos de l'ère McCarthy ; Archives Einstein 39-505.

La calamité qui a frappé l'Allemagne il y a quelques années se répète : les gens acquiescent sans résistance et se rangent aux côtés des forces du Mal.

Lettre à la reine Élisabeth de Belgique, 8 janvier 1951, à propos du maccarthysme aux États-Unis ; Archives Einstein 32-400 ; également cité in Nathan et Norden, *Einstein on Peace*, p. 554.

Je suis devenu une sorte d'*enfant terrible** dans ma nouvelle patrie, du fait de mon incapacité à garder le silence et à accepter sans broncher tout ce qui se passe ici.

Lettre à la reine Élisabeth de Belgique, 28 mars 1954 ; Archives Einstein 32-410.

## *À PROPOS DE PRINCETON, SA NOUVELLE VILLE D'ADOPTION*

Je trouve Princeton très agréable. Comme une pipe que je m'apprêterais à fumer. Juvénile et fraîche.

*New York Times*, 8 juillet 1921.

Princeton est un ravissant petit endroit, un village un peu bizarre et démodé, habité par de malingres demi-dieux montés sur des échasses. Et cependant, en ignorant certaines conventions sociales, j'ai réussi à créer pour moi-même une atmosphère propice à l'étude et exempte de distractions.

Lettre à la reine Élisabeth de Belgique, 20 novembre 1933; Archives Einstein 32-369.

Ma célébrité commence à l'extérieur de Princeton. Mon avis compte pour peu de chose au Fine Hall.

À propos de son peu d'influence sur les décisions prises sur le campus de Princeton, 1934-1940? (Fine Hall est l'ancien nom de l'actuel Jones Hall, qui abrite le département des Études sur l'Asie du Sud-Est.) Cité in Infeld, *Quest*, p. 302.

Je suis très content de mon nouveau chez moi dans ce pays amical, et de l'atmosphère libérale qui règne à Princeton.

Extrait d'une interview, « Peace Must Be Waged », pour *Survey Graphic*, août 1934; cité in Nathan et Norden, *op. cit.*, p. 262.

Du fait de mon âge, je suis resté étranger à la société d'ici.

Lettre à la reine Élisabeth de Belgique, 16 février 1935; Archives Einstein 32-385.

Le destin m'a donné le privilège de vivre ici, à Princeton, comme sur une île qui (...) ressemblerait au charmant jardin du palace de Laeken. Dans cette petite ville universitaire, les voix discordantes des querelles humaines pénètrent à peine. J'ai presque honte de vivre dans une telle paix tandis que le reste de l'humanité lutte et souffre.

Lettre à la reine Élisabeth de Belgique, 20 mars 1936; Archives Einstein 32-387.

En regard de tous les fardeaux que j'ai portés au cours de ces dernières années, je me sens doublement reconnaissant qu'il m'ait été donné de trouver dans l'université de Princeton un endroit pour travailler et une atmosphère qui ne peut être plus favorable et harmonieuse.

Lettre au président de l'université Harold Dodds, 14 janvier 1937 ; Archives Einstein 52-823.

En exil au paradis.

En partant pour Princeton, cité in Sayen, *Einstein in America*, p. 64.

Vous êtes surpris, n'est-ce pas, par le contraste entre la célébrité dont je jouis dans le monde entier (...) et l'isolement et le calme dans lesquels je vis ici ? J'ai aspiré à cet isolement toute ma vie, et j'ai fini par le trouver ici à Princeton.

Cité in Frank, *Einstein : His Life and Times*, p. 297.

# *Sur la famille*

## *LETTRES À OU SUR SA PREMIÈRE FEMME MILEVA MARIC*

À en croire Einstein, il vécut marié avec Mileva, issue d'une famille serbo-grecque d'origine paysanne, pendant dix-sept ans sans l'avoir jamais véritablement connue. Sans qu'Einstein n'en ait rien su à l'époque de leur mariage, la schizophrénie avait déjà frappé plusieurs membres de la branche maternelle de la famille de Mileva, et elle-même était une femme dépressive et instable. Elle était par ailleurs physiquement marquée par la tuberculose qu'elle avait contractée dans son enfance, et ce handicap s'ajoutait à ses problèmes nerveux. N'ayant jamais accepté leur divorce, elle s'aigrit, empêchant Einstein d'entretenir des relations suivies et harmonieuses avec ses fils, avec lesquels il s'efforça de rester proche, comme en témoignent les nombreuses lettres qu'il écrivit à Hans Albert. (Voir le volume VIII des *CPAE* pour ces lettres, ainsi que les lettres à Mileva dans lesquelles le couple essaie de résoudre ses difficultés financières et parentales après la séparation.) Ces tragiques circonstances, selon Einstein, imprimèrent leur marque sur lui jusque dans sa vieillesse et peuvent expliquer son implication profonde dans les choses de l'intellect. (Voir ses lettres à Carl Seelig du 26 mars et du 5 mai 1952; Archives Einstein 39-016 et 39-020.)

Maman s'est jetée sur le lit, a enfoui sa tête dans l'oreiller, et s'est mise à sangloter comme un enfant. Après avoir retrouvé ses esprits, elle a immédiatement lancé une attaque désespérée : « Tu ruines ton avenir et tu gâches tes chances ! » « Aucune famille décente ne voudra d'elle ! » « Si elle tombe enceinte, tu seras vraiment dans un beau pétrin ! » Avec cette sortie, qui avait été précédée de beaucoup d'autres, j'ai fini par perdre patience.

Lettre à Mileva Maric, 29 juillet 1900, après qu'Einstein eut annoncé à sa mère que Mileva et lui-même envisageaient de se marier; ils unirent leurs destins le 6 janvier 1903; *CPAE*, vol. I, doc. 68.

J'attends impatiemment une lettre de ma sorcière chérie. Je peux à peine croire que nous serons séparés pendant encore si longtemps — ce n'est que maintenant que je mesure à quel point je suis follement amoureux de toi ! Laisse-toi aller complètement, et tu deviendras un petit amour radieux, aussi sauvage qu'un gamin des rues.

Lettre à Mileva Maric, 1er août 1900; *Love Letters*, p. 21; *CPAE*, vol. I, doc. 69.

Comment ai-je pu vivre seul jusque-là, ma petite chose ? Sans toi, je manque de confiance en moi, de passion pour le travail, et de plaisir de vivre — en bref, sans toi, ma vie n'est pas une vie.

Lettre à Mileva Maric, 14 août (?) 1900 ; *Love Letters*, p. 26 ; *CPAE*, vol. I, doc. 72.

Mon amour pour toi inquiète beaucoup mes parents. (...) Ils pleurent sur mon sort presque comme si j'étais mort. Ils ne cessent de se lamenter, car ils pensent que j'ai attiré le malheur sur moi en m'attachant à toi.

Lettre à Mileva Maric, août-septembre 1900 ; *Love Letters*, p. 29 ; *CPAE*, vol. I, doc. 74.

Sans la pensée que tu existes, je ne voudrais plus vivre au milieu de ce triste troupeau d'humains. Mais t'avoir à moi me rend fier, et ton amour me rend heureux. Je serai doublement heureux quand je pourrai te presser à nouveau contre mon cœur et voir tes yeux aimants qui brillent pour moi seul, et embrasser ta délicieuse bouche qui tremble de félicité pour moi seul.

*Ibid.*

J'ai également hâte de travailler sur notre nouvelle étude. Tu dois poursuivre tes recherches — tu ne peux pas savoir combien je serai fier d'avoir une petite docteur ès sciences pour chérie de mon cœur, pendant que moi, je resterai une personne tout à fait ordinaire!

Lettre à Mileva Maric, 13 septembre 1900 ; *Love Letters*, p. 32 ; *CPAE*, vol. I, doc. 75.

Dois-je rechercher un éventuel emploi pour toi [à Zurich] ? Je pense que j'essaierai de trouver quelques cours particuliers que je te céderai par la suite. À moins que tu songes à quelque chose d'autre? (...) Quoi qu'il advienne, nous aurons la plus belle vie qu'on puisse imaginer.

Lettre à Mileva Maric, 19 septembre 1900; *Love Letters*, p. 33; *CPAE*, vol. I, doc. 76.

Je suis si heureux de t'avoir trouvée — une créature qui est mon égale, et qui est aussi forte et aussi indépendante que moi!

Lettre à Mileva Maric, 3 octobre 1900; *Love Letters*, p. 36; *CPAE*, vol. I, doc. 79.

Tu verras par toi-même à quel point je suis devenu gai et à l'aise, et à quel point tous mes soucis appartiennent maintenant au passé. Et je t'aime à nouveau tant! C'est seulement à cause de ma nervosité que j'ai été si mesquin avec toi (...) et j'aimerais tellement te revoir.

Lettre à Mileva Maric, 30 avril 1901; *Love Letters*, p. 46; *CPAE*, vol. I, doc. 102.

Si seulement je pouvais te donner une part de ma joie, pour que tu ne sois plus jamais triste et pensive à nouveau.

Lettre à Mileva Maric, 9 mai 1901; *Love Letters*, p. 51; *CPAE*, vol. I, doc. 106.

Ma femme va [à Berlin] avec des sentiments très mitigés, car elle a peur de la famille, et probablement de toi avant tout. (...) Mais nous pouvons être très heureux tous les deux sans avoir à la blesser. Tu ne peux lui enlever quelque chose qu'elle n'a pas.

Lettre à sa maîtresse, sa cousine Elsa Löwenthal, août 1913; *CPAE*, vol. V, doc. 465.

La situation chez moi est plus sinistre que jamais : un silence glacial.

Lettre à Elsa Löwenthal, 16 octobre 1913 ; *CPAE*, vol. V, doc. 478.

Penses-tu qu'il soit si facile d'obtenir un divorce si l'un n'a pas la preuve de la culpabilité de l'autre ? (...) Je traite ma femme comme un employé que l'on ne peut pas licencier. J'ai ma propre chambre à coucher et j'évite de me trouver avec elle. (...) Je ne sais pas pourquoi tu es si contrariée par cela. Je suis absolument mon propre maître (...) tout comme ma femme.

Lettre à Elsa Löwenthal, 2 décembre 1913 ; *CPAE*, vol. V, doc. 488.

[Ma femme, Mileva] est une créature désagréable et dépourvue d'humour qui ne tire rien de la vie et qui, par sa seule présence, éteint la joie de vivre chez les autres.

Lettre à Elsa Löwenthal, après le 2 décembre 1913 ; *CPAE*, vol. V, doc. 489.

Ma femme n'arrête pas de gémir à propos de Berlin et de sa peur de [notre] famille. (...) Ma mère est une bonne nature, mais elle est une belle-mère vraiment démoniaque. Quand elle vient chez nous, l'air est rempli de dynamite. (...) Mais aussi bien l'une que l'autre sont à blâmer pour leurs désastreuses relations. (...) Dans ces conditions, il n'est guère étonnant que mon amour de la science ait tant prospéré : il m'abstrait impersonnellement (...) de cette vallée de larmes et me transporte dans des sphères où règne la paix.

Lettre à Elsa Löwenthal, 16 octobre 1913 ; *CPAE*, vol. V, doc. 497.

Je ne veux pas perdre mes enfants et je ne veux pas qu'ils me perdent. (...) Après tout ce qui s'est passé, une relation amicale avec toi est exclue. Ce sera une relation loyale et d'ordre purement pratique. Toutes les choses personnelles devront être réduites au maximum. Je n'envisage pas de te demander le divorce, je veux seulement que tu restes en Suisse avec les enfants (...) et que tu me donnes des nouvelles de mes garçons chéris une fois tous les quinze jours. (...) En contrepartie, je m'engage à me comporter correctement avec toi, de la même façon que je me conduirais correctement avec n'importe quelle femme qui me serait étrangère.

Lettre à Mileva Einstein-Maric, 18 (?) juillet 1914, dans laquelle il lui propose de maintenir leur mariage après être parti à Berlin contre sa volonté ; Archives Einstein 75-854 ; *CPAE*, vol. VIII, doc. 22 ; également cité in Highfield et Carter, *The Private Lives*, p. 170.

Elle ne s'est jamais résignée à notre séparation et à notre divorce, et une humeur maussade rappelant l'exemple classique de Médée s'est progressivement développée chez elle. Cela a assombri mes relations avec mes deux garçons, à qui je vouais une grande tendresse. Cet aspect tragique de ma vie a perduré, sans jamais s'atténuer, jusque dans ma vieillesse.

Lettre à Carl Seelig, 5 mai 1952, à propos de sa femme ; Archives Einstein 39-020.

## *LETTRES À OU SUR SA DEUXIÈME FEMME, ELSA LÖWENTHAL*

En 1912, alors qu'il était encore marié à Mileva et vivait à Zurich, Einstein noua une liaison durable avec sa cousine Elsa, qui habitait Berlin. Cette liaison se poursuivit après le déménagement de la famille dans la capitale en 1914. Einstein ne divorça de Mileva, qui avait regagné peu après Zurich, qu'en février 1919. En juin, il épousa Elsa, bien qu'il ait soutenu pendant de nombreuses années à ses amis qu'il n'avait pas l'intention de se marier avec elle (voir *CPAE*, vol. VIII).

Je détruirai toujours tes lettres, puisque tel est ton désir. J'ai déjà détruit la première.

Lettre à Elsa Löwenthal, 30 avril 1912, répondant à ses inquiétudes concernant leur liaison ; *CPAE*, vol. V, doc. 389.

Je souffre encore plus que toi, car tu souffres seulement de ce que tu n'*as pas*.

Lettre à Elsa Löwenthal, 7 mai 1912, faisant allusion à ses difficultés conjugales avec sa première femme Mileva ; *CPAE*, vol. V, doc. 391.

Je t'écris si tard parce que j'éprouve des craintes à propos de notre liaison. J'ai le sentiment que ce ne sera bon ni pour nous, ni pour les autres, si nous nous attachons plus étroitement l'un à l'autre.

Lettre à Elsa Löwenthal, 21 mai 1912 ; *CPAE*, vol. V, doc. 399.

J'ai maintenant quelqu'un à qui je peux penser avec un plaisir sans mélange et pour qui je peux vivre. (...) Nous serons l'un à l'autre — une chose dont nous avons manqué si terriblement — et nous ferons l'un à l'autre le cadeau de l'équilibre et d'une vision heureuse du monde.

Lettre à Elsa Löwenthal, 10 octobre 1913 ; *CPAE*, vol. V, doc. 476.

Si tu devais me réciter le plus beau des poèmes (...) mon plaisir n'approcherait même pas celui que j'ai ressenti lorsque j'ai reçu les champignons et les fritons d'oie que tu avais préparés à mon intention ; (...) tu ne mépriseras pas, j'en suis sûr, le côté primitif de ma nature ainsi révélé.

Lettre à Elsa Löwenthal, 7 novembre 1913 ; *CPAE*, vol. V, doc. 482.

## *LETTRES À OU SUR SES ENFANTS*

Einstein avait deux fils, Hans Albert et Eduard, et une fille, mentionnée sous le nom de « Lieserl », de son premier mariage, et deux belles-filles, Ilse et Margot, de son second mariage. Seul Hans Albert devait avoir des enfants. Eduard souffrait d'une maladie mentale et vivait en Suisse, et après avoir quitté l'Europe en 1933, Einstein ne devait plus avoir de contacts avec lui que par l'entremise de son biographe Carl Seelig. Il a confié à Seelig qu'il n'avait jamais écrit à Eduard pour des raisons qu'il n'a jamais pleinement analysées lui-même (Archives Einstein 39-060). Née en janvier 1902 avant qu'il ne se marie avec Mileva, Lieserl fut vraisemblablement abandonnée pour être adoptée, ou décéda de la scarlatine ; aucune mention n'est faite d'elle après septembre 1903. (Voir *CPAE*, vol. V, et *Love Letters*.)

Je suis vraiment désolé de ce qui arrive à Lieserl. La scarlatine, malheureusement, peut facilement laisser des effets durables. Si seulement elle pouvait rapidement passer. En quelle qualité l'enfant a-t-elle été déclarée ? Nous devons prendre des précautions pour que des problèmes ne se posent pas pour elle plus tard.

Lettre à Mileva Maric, 19 septembre 1903 ; *Love Letters*, p. 78.

Quel malheur pour [mon] garçon qu'il doive passer sa vie sans pouvoir espérer une existence normale. Depuis que les injections d'insuline se sont révélées sans effet, je ne nourris plus aucun espoir du côté de la médecine. Je pense finalement qu'il vaut mieux laisser faire la Nature.

Lettre à Michele Besso, 11 novembre 1940, à propos de son fils Eduard ; Archives Einstein 7-378.

C'est une joie pour moi d'avoir un fils ayant hérité du trait principal de ma personnalité : l'aptitude à s'élever au-dessus de la simple existence en se sacrifiant pendant de nombreuses années pour un but impersonnel. C'est la meilleure façon, et à dire vrai la seule façon dont nous pouvons nous rendre indépendants de notre destin personnel et des autres êtres humains.

Lettre à Hans Albert, 1er mai 1954 ; cité in Highfield et Carter, *The Private Lives*, p. 258.

Malheureusement, je dois admettre que je n'y ai pas pensé, mais ta femme me l'a rappelé.

Lettre à Hans Albert pour son cinquantième anniversaire, en mai 1954 ; cité dans une interview avec Bernard Mayer, in Whitrow, *Einstein*, p. 21.

Quand Margot parle, on voit les fleurs pousser.

À propos de l'amour de la nature professé par sa belle-fille ; cité par Frieda Bucky in « You have to Ask Forgiveness », *The Jewish Quarterly* 15, n° 4 (hiver 1967-1968), p. 33.

## *À PROPOS DE SA SŒUR MAJA ET DE SA MÈRE PAULINE*

Oui, mais où sont les roues ?

Remarque d'Albert, âgé de deux ans, à la naissance de Maja en 1881, après qu'on lui eut dit qu'il aurait désormais « quelque chose avec quoi jouer » ; in « Biographical Sketch », par Maja Winteler-Einstein, in *CPAE*, vol. I, p. VII.

Ma mère et ma sœur me semblent quelque peu étriquées et philistines, malgré la sympathie que j'éprouve pour elles. Il est intéressant de noter à quel point la vie nous transforme dans les plus petites subtilités de notre âme, de telle sorte que même les liens familiaux les plus étroits se réduisent finalement à une amitié ordinaire. Au plus profond de nous, nous ne nous comprenons plus les uns les autres et sommes incapables d'éprouver la moindre empathie pour l'autre, ou de savoir quelles émotions l'animent.

Lettre à Mileva Maric, début août 1899 ; *Love Letters*, p. 9 ; *CPAE*, vol. I, doc. 50.

Ma mère est décédée. (…) Nous sommes tous complètement épuisés. (…) C'est au plus profond de son être physique que l'on ressent la signification des liens du sang.

Lettre à Heinrich Zangger, début mars 1920 ; Archives Einstein 39-732.

# *Sur l'humanité*

Les enfants n'ont pas idée de ce qu'ont vécu leurs parents, et les nations ignorent l'histoire. Les leçons douloureuses doivent toujours être réapprises.

Aphorisme, 12 octobre 1923; Archives Einstein 36-589.

Ce sont les gens qui me donnent le mal de mer — pas la mer. Mais j'ai bien peur que la science ne soit pas près de trouver une solution à cette affection.

Lettre à Herr Schering-Kahlbaum, 28 novembre 1930; Archives Einstein 36-531.

Partager les joies des autres et souffrir avec eux — telles sont les meilleures lignes de conduite pour l'homme.

Lettre à Valentin Bulgakov, 4 novembre 1931; Archives Einstein 45-702.

La véritable valeur d'un être humain est déterminée avant tout par la façon dont il est parvenu à se libérer de son propre ego.

Juin 1932 ; Archives Einstein 60-492 ; publié in *Mein Weltbild.*

On ne peut pas apprendre à un chat à ne pas attraper les oiseaux.

Lettre à Florence Schneller, 9 mars 1936 ; Archives Einstein 51-756.

Des convictions et des buts communs, des intérêts semblables, produiront dans chaque société des groupes qui, d'une certaine manière, agiront comme des entités autonomes. Il y aura toujours des frictions entre de tels groupes — le même type d'aversion et de rivalité qui existent entre les individus. (...) À mon avis, l'uniformité au sein d'une population n'est pas souhaitable, même si elle était réalisable.

Extrait de « Why Do They Hate Jews ? », *Collier's Magazine,* 26 novembre 1938.

Il vaudrait mieux que les hommes soient comme les bêtes. (...) Ils seraient plus intuitifs; ils ne seraient pas vraiment conscients de ce qu'ils font quand ils le font.

Extrait d'une conversation enregistrée par Algernon Black, automne 1940; Archives Einstein 54-834.

Nous devons faire de notre mieux. C'est notre responsabilité sacrée en tant qu'êtres humains.

*Ibid.*

Il n'y a qu'une seule voie vers la véritable grandeur humaine : passer par l'école des épreuves.

Commentaire sur l'article de W. White, « Why I Remain a Negro », octobre 1947; Archives Einstein 59-009.

Nous nous nourrissons et profitons du travail des autres et nous devons nous acquitter de notre dette honnêtement, en accomplissant une tâche que, non seulement, nous aurons choisie pour notre satisfaction intérieure, mais qui, de l'avis général, servira autrui. Autrement, on devient un parasite, quand bien même nos besoins seraient modestes.

Lettre à un correspondant qui voulait consacrer son temps à obtenir des bourses pour étudier, plutôt qu'à travailler, 28 juillet 1953; Archives Einstein 59-180.

Pour obtenir à coup sûr une réaction favorable des gens, il vaut mieux leur offrir quelque chose pour leur estomac que pour leur cerveau.

Lettre à un fabricant de chocolat, 19 mars 1954 ; Archives Einstein 60-401.

La peur ou la stupidité ont toujours été le fondement de la plupart des actions humaines.

Lettre à E. Mulder, avril 1954; Archives Einstein 60-609.

# *Sur les Juifs, Israël, le judaïsme et le sionisme*

Je n'ai pas du tout envie de me rendre aux États-Unis, mais je le fais uniquement dans l'intérêt des sionistes, qui doivent quémander des dollars pour fonder des institutions d'enseignement à Jérusalem, et pour qui je joue le rôle de grand-prêtre et d'appât. (…) Mais je fais tout ce que je peux pour aider mes frères de race, qui sont partout traités si mal.

Lettre à Maurice Solovine, 8 mars 1921.

Certains parmi les plus obtus de notre tribu y priaient tout haut, leurs visages tournés vers le mur, leurs corps se balançant d'avant en arrière. Le spectacle pathétique d'hommes ayant un passé, mais dépourvus de présent.

À propos de sa visite au Mur des lamentations à Jérusalem, 3 février 1923, note dans son carnet de voyage ; Archives Einstein 29-129 à 29-131.

Si nous nous révélons incapables de parvenir à une cohabitation et à des accords honnêtes avec les Arabes, alors nous n'aurons strictement rien appris pendant nos deux mille années de souffrances et mériterons tout ce qui nous arrivera.

Lettre à Chaïm Weizmann, 25 novembre 1929; Archives Einstein 33-411.

La judéité a prouvé que l'intellect est la meilleure arme de l'histoire. (...) C'est notre devoir à nous, Juifs, de mettre à la disposition du monde les souffrances que nous avons endurées pendant plusieurs millénaires et, grâce aux traditions éthiques de nos ancêtres, de devenir les soldats du combat pour la paix, unis aux plus nobles éléments de tous les milieux culturels et religieux.

Extrait d'une allocution prononcée lors d'un rassemblement juif à Berlin, en 1929; cité in Frank, *Einstein : His Life and Times*, p. 156.

La religion juive est (...) une manière de sublimer l'existence quotidienne. (...) Elle n'exige aucun acte de foi — au sens courant du terme — de la part de ses membres. Et pour cette raison, il n'y a jamais eu de conflit entre nos conceptions religieuses et la conception du monde telle que nous l'enseigne la science.

*Forum* 83 (1930), p. 373.

J'ai toujours été contrarié par l'indignité des aspirations et des efforts assimilationnistes que j'ai observés chez un si grand nombre de mes amis [juifs]. (...) Ce constat, parmi d'autres du même ordre, a éveillé en moi un sentiment national juif.

1931; in *About Zionism*, p. 40.

Le judaïsme n'est pas une croyance : le Dieu juif est simplement la négation de la superstition — le résultat imaginaire de son élimination. C'est aussi une tentative de fonder la loi morale sur la peur, une tentative regrettable et indigne. Et cependant, il me semble que la forte tradition morale de la nation juive s'est dans une large mesure affranchie de cette peur. Il est également évident que « servir Dieu » équivalait à « servir les vivants ». Les meilleurs représentants du peuple juif, notamment les prophètes et Jésus, ont combattu sans relâche pour cela.

Publié in *Mein Weltbild*, 1934 ; reproduit in *Ideas and Opinions*, pp. 185-187.

La soif de la connaissance pour elle-même, un amour quasi fanatique de la justice, et un désir d'indépendance personnelle — tels sont les traits de la tradition juive qui me font remercier les étoiles de lui appartenir.

*Ibid.*

Il n'y a pas de Juifs allemands, il n'y a pas de Juifs russes, il n'y a pas de Juifs américains. La seule différence tient dans la langue qu'ils parlent tous les jours. Il n'y a en fait que des Juifs.

Extrait d'une allocution prononcée lors d'un banquet de pourim au German-Jewish Club de New York, 24 mars 1935 ; cité in *Aufbau* (New York), 16 mars 1979.

Le déclin intellectuel provoqué par le matérialisme étroit constitue un péril beaucoup plus grave pour la survie des Juifs que les nombreux ennemis extérieurs qui menacent son existence par la violence.

*New York Times*, 8 juin 1936.

Un accord raisonnable avec les Arabes sur la base d'une cohabitation pacifique serait à mes yeux de loin préférable à la création d'un État juif.

Extrait d'une allocution intitulée « Our Debt to Zionism », prononcée devant le National Labor Committee for Palestine, le 17 avril 1938 à New York ; le texte intégral figure dans *New Palestine* (Washington), 28 avril 1938.

Le judaïsme est largement redevable au sionisme. Le mouvement sioniste a revivifié chez les Juifs le sens de la communauté. Il a accompli une œuvre productive (...) en Palestine, à laquelle des Juifs altruistes du monde entier ont contribué. (...) En particulier, il a été possible d'orienter une partie non négligeable de notre jeunesse vers une vie de travail joyeux et créatif.

*Ibid.*

Ma conscience de l'essence de la nature du judaïsme résiste à l'idée d'un État juif avec des frontières, une armée, et une part de pouvoir temporel. (...) J'ai peur des dommages internes que le judaïsme subira — surtout avec le développement à l'intérieur de nos rangs d'un nationalisme étroit, que nous avons déjà dû combattre vigoureusement même sans État juif. (...) Un retour à la nation au sens politique du terme équivaudrait à nous détourner de la spiritualisation de notre communauté que nous devons au génie de nos prophètes.

*Ibid.*

Les Juifs en tant que groupe peuvent être impuissants, mais la somme des accomplissements de leurs membres individuels est partout considérable et éloquente, même si ces accomplissements ont été obtenus dans l'adversité.

Extrait de « Why Do They Hate Jews ? », *Collier's Magazine*, 26 novembre 1938.

[Les nazis] considèrent les Juifs comme un élément inassimilable, qui n'acceptera jamais de se soumettre sans manifester son opposition et qui (...) menace leur autorité à cause de l'importance qu'il attache à l'éducation populaire des masses.

*Ibid.*

Le Juif qui abandonne sa foi (au sens propre du terme) est dans une position semblable à celle de l'escargot abandonnant sa coquille. Il reste un Juif.

*Ibid.*

Le lien qui a uni les Juifs pendant des milliers d'années et qui les unit aujourd'hui est avant tout un idéal démocratique de justice sociale, couplé à un idéal d'entraide et de tolérance entre tous les hommes. (...) La deuxième caractéristique de la tradition juive est la haute considération dans laquelle elle tient toute forme d'aspiration intellectuelle et d'effort spirituel.

*Ibid.*

[Le sionisme est] un nationalisme dont la fin n'est pas le pouvoir, mais la dignité.

Extrait d'un article paru dans le *New York Times Magazine*, 12 mars 1944; Archives Einstein 29-102.

Le sionisme n'a guère protégé les Juifs allemands de l'anéantissement. Mais il a donné aux survivants la force intérieure pour endurer la catastrophe avec dignité, sans perdre le respect qu'ils avaient d'eux-mêmes.

À un Juif antisioniste, janvier 1946 (?) ; cité in Dukas et Hoffmann, *Albert Einstein, the Human Side*, p. 65.

La sagesse et la modération dont les hauts dirigeants du nouvel État ont fait preuve me laissent espérer que des relations fondées sur une coopération fructueuse, un respect et une confiance mutuels se noueront progressivement avec le peuple arabe. Car c'est le seul moyen qu'auront les deux peuples d'atteindre une véritable indépendance par rapport au monde extérieur.

Déclaration à l'Université hébraïque de Jérusalem le jour où lui fut remis un doctorat *honoris causa*, 15 mars 1949 ; Archives Einstein 28-854, 37-296.

Cette université est aujourd'hui une chose vivante, un havre d'étude et d'enseignement libres et de travail paisible et fraternel. La voici, sur le sol que notre peuple a libéré dans des conditions si difficiles ; la voici, centre spirituel d'une communauté florissante et portée à l'optimisme, dont les accomplissements ont finalement reçu la reconnaissance universelle qu'ils méritaient.

*Ibid.*

Les Juifs de Palestine n'ont pas combattu pour l'indépendance politique en tant que telle. Ils ont combattu afin d'obtenir le droit d'immigrer pour les Juifs des nombreux pays où leur existence même se trouvait en danger ; le droit d'immigrer aussi pour tous ceux qui aspiraient à vivre parmi les leurs. Il n'est pas exagéré de dire qu'ils ont combattu pour rendre possible un sacrifice peut-être unique dans l'histoire.

Extrait d'une interview donnée à la radio NBC lors de l'United Jewish Appeal Conference, Atlantic City, 27 novembre 1949 ; Archives Einstein 58-904.

Le soutien à la vie culturelle est de la première importance pour le peuple juif. Nous n'existerions plus aujourd'hui en tant que peuple sans cette soif permanente d'apprendre.

Déclaration à l'occasion du vingt-cinquième anniversaire de l'Université hébraïque de Jérusalem ; cité dans le *New York Times*, 11 mai 1950.

La relation que j'entretiens avec le peuple juif est devenue le lien humain le plus fort que je puisse éprouver depuis que j'ai pleinement mesuré la précarité de notre situation parmi les nations du monde.

Déclaration à Abba Eban, 18 novembre 1952 ; Archives Einstein 28-943.

Pour que le jeune État obtienne une véritable indépendance, et la conserve, un groupe d'intellectuels et d'experts devrait se constituer dans le pays lui-même.

Cité dans le *New York Times*, 25 mai 1953.

Israël est le seul endroit sur terre où les Juifs ont la possibilité de former l'esprit public selon leurs propres idéaux traditionnels.

Allocution lors d'une conférence des Amis américains de l'Université hébraïque à Princeton, 19 septembre 1954 ; Archives Einstein 28-1054.

L'attitude que nous adopterons à l'égard de la minorité arabe constituera le vrai test pour nos critères moraux en tant que peuple.

Cité in Nathan et Norden, *Einstein on Peace*, p. 638.

Seulement lorsque nous [Juifs] avons le courage de nous considérer nous-mêmes comme une nation, seulement lorsque nous éprouvons du respect pour nous-mêmes, pouvons-nous gagner le respect des autres.

Cité in Hoffmann, « Einstein and Zionism », p. 237.

Le cœur dit oui, mais l'esprit dit non.

Réponse à une invitation qui lui était faite d'accepter un poste à l'Université hébraïque de Jérusalem ; *ibid.*, p. 241.

Le sionisme représente véritablement un nouvel idéal juif, qui permet au peuple juif de retrouver sa joie d'exister.

Cité in Dukas et Hoffmann, *Albert Einstein, the Human Side*, p. 63.

Si je devais être président, j'aurais parfois à dire au peuple israélien des choses qu'il n'a pas envie d'entendre.

À Margot Einstein, après qu'il eut décidé de refuser la présidence d'Israël ; cité in Sayen, *Einstein in America*, p. 247.

# *Sur la mort*

J'ai fermement décidé de mordre la poussière avec un minimum d'assistance médicale, lorsque mon heure viendra, et, en attendant, de pécher pour le bonheur de mon âme perverse.

Lettre à Elsa Einstein, 11 août 1913 ; *CPAE*, vol. V, doc. 446.

Je me sens tellement moi-même comme une partie de tout ce qui vit que je ne suis pas le moins du monde concerné par le début ou la fin de l'existence concrète d'une personne particulière dans ce flux éternel.

Lettre à Hedwig Born, épouse du physicien Max Born, 8 septembre 1916 ; Archives Einstein 31-475 ; également cité in Seelig, *Helle Zeit, Dunkle Zeit*, p. 36.

Je sais ce que c'est que de voir sa mère dans les affres de la mort sans pouvoir lui être du moindre secours. Il n'y a pas de consolation à cela. Nous devons tous en passer par là, puisque cela fait partie de la vie.

Lettre à Hedwig Born, 18 juin 1920 ; Archives Einstein 8-257.

Notre mort n'est pas une fin si nous pouvons continuer à vivre au travers de nos enfants et des générations futures. Car ils ne font qu'un avec nous ; nos corps ne sont que les feuilles flétries sur l'arbre de la vie.

Lettre à la veuve du physicien hollandais Heike Kamerlingh-Onnes, 25 février 1926 ; Archives Einstein 14-389.

Ni sur mon lit de mort, ni auparavant, je ne me poserai une telle question. La Nature n'est pas un ingénieur, ou un entrepreneur, et je suis moi-même une partie de la Nature.

En réponse à une question sur les faits qui pourraient déterminer si sa vie a été une réussite ou un échec, 12 novembre 1930 ; Archives Einstein 45-751 ; également cité in Dukas et Hoffmann, *Albert Einstein, the Human Side*, p. 92.

Je me sens incapable de participer à votre projet d'émission de télévision, « Les Deux Dernières Minutes ». Savoir comment les gens vont passer les deux dernières minutes précédant leur libération finale ne me paraît pas présenter un grand intérêt.

En réponse à la demande d'un réalisateur en vue de sa participation à un documentaire de télévision sur le thème : « Comment les gens célèbres conçoivent les deux dernières minutes de leur vie », 26 août 1950 ; Archives Einstein 60-684.

Moi aussi, je devrais être déjà mort, mais je suis encore là.

À E. Schaerer-Meyer, 27 juillet 1951 ; Archives Einstein 60-525.

Étudie attentivement, très attentivement la nature, et tu comprendras tout beaucoup mieux.

À Margot Einstein, sa belle-fille, après la mort de la sœur

d'Einstein, Maja, en 1951 ; cité par Hanna Loewy in *Einstein Biography*, documentaire A&E Television, VPI International, 1991.

Pour celui qui ploie sous les ans, la mort vient comme une libération. Je ressens cela très fortement, maintenant que j'ai moi-même atteint un âge respectable, et j'en suis venu à considérer la mort comme une vieille dette, dont on doit depuis longtemps s'acquitter. Et pourtant, instinctivement, nous faisons tout notre possible pour retarder cette dernière échéance. C'est le jeu que la nature joue avec nous.

Lettre à un ami, 1954 ou 1955 ; cité in Nathan et Norden, *op. cit.*, p. 616.

Je veux partir quand telle sera *ma* volonté. C'est manquer de goût que de vouloir prolonger sa vie artificiellement. Je me suis acquitté de ma tâche ; il est temps de partir. Je le ferai avec élégance.

Cité par Helen Dukas dans sa lettre à A. Pais du 30 avril 1955 ; voir Pais, *Subtle Is the Lord*, p. 477 ; également cité in *Einstein Biography*, A&E Television, VPI International, 1991.

Je veux être incinéré, afin que les gens ne puissent pas idolâtrer mes ossements.

Cité par A. Pais, *Manchester Guardian*, 17 décembre 1994.

# *Sur le pacifisme*

Einstein fut pacifiste de sa jeunesse à 1933, lorsque l'arrivée au pouvoir d'Hitler l'amena à réviser son opinion sur le sujet. De 1933 à 1945, il considéra que la force militaire était nécessaire dans certaines circonstances bien définies, tout en estimant qu'un gouvernement mondial « supranational » devait être instauré pour préserver la civilisation et les libertés individuelles. De 1945 jusqu'à sa mort en 1955, il se prononça en faveur d'un gouvernement mondial en tant qu'impératif moral, et préconisa le contrôle des armes nucléaires.

Celui qui chérit les valeurs de la culture ne peut qu'être pacifiste.

Extrait d'un ouvrage de synthèse sur le pacifisme, *Die Friedensbewegung*, 1922 ; cité in Nathan et Norden, *Einstein on Peace*, p. 596.

L'objecteur de conscience est un révolutionnaire. En décidant de désobéir à la loi, il sacrifie ses intérêts personnels pour une cause supérieure : l'amélioration de la société.

Extrait de *ibid.* ; cité in Nathan et Norden, *Einstein on Peace*, pp. 542-543.

Mon pacifisme est un sentiment instinctif, un sentiment qui me possède, pour la simple raison que tuer des gens me révulse. Mon attitude ne procède d'aucune théorie intellectuelle : elle est fondée sur ma profonde antipathie pour toute sorte de cruauté et de haine.

À Paul Hutchinson, rédacteur en chef de *Christian Century*, juillet 1929 ; cité in Nathan et Norden, *Einstein on Peace*, p. 98 ; également cité in Clark, *Einstein*, p. 427.

Je n'ai fait aucun secret, tant en privé qu'en public, de mon sentiment de révolte face à l'enrôlement forcé, en temps de guerre comme en temps de paix, dont se rendent coupables les autorités d'un pays. Je considère comme un devoir de conscience de combattre par tous les moyens un asservissement aussi barbare de l'individu.

Déclaration à la revue danoise *Politiken*, 5 août 1930.

Qu'un homme puisse prendre plaisir à marcher en formation au rythme d'une fanfare militaire suffit à me le rendre méprisable.

Extrait de « What I Believe » in *Forum and Century* 84 (1930), pp. 193-194 ; reproduit in *Ideas and Opinions*, pp. 8-11.

Je pense que de sérieux progrès [vers l'abolition de la guerre] ne pourront être réalisés que lorsque les hommes commenceront à s'organiser sur une échelle internationale et refuseront, tous ensemble, de faire leur service militaire ou de répondre aux mobilisations en cas de guerre.

Déclaration à *Jugendtribüne*, 17 avril 1931.

Il y a deux manières de résister à la guerre : la manière légale et la manière révolutionnaire. La manière légale consiste à proposer d'effectuer un service d'un type différent, non comme un privilège pour quelques-uns, mais comme un droit pour tous. Le point de vue révolutionnaire consiste quant à lui en une résistance sans compromission, en vue de briser le pouvoir du militarisme en temps de paix, ou les ressources de l'État en temps de guerre.

Déclaration à *The New World*, juillet 1931.

J'exhorte tous les hommes et toutes les femmes, qu'ils soient éminents ou humbles, à déclarer qu'ils refuseront dorénavant de collaborer à la guerre ou à la préparation de la guerre.

Extrait d'une déclaration au mouvement War Resisters International, 1931 ; cité in Frank, *Einstein : His Life and Times*, p. 158; également cité dans le *New York Times*, 2 août 1931.

J'estime que la plus importante mission de l'État est de protéger l'individu et de lui permettre de se développer pour devenir une personnalité créatrice. (...) L'État viole ce principe quand il nous appelle de force sous les drapeaux.

*The Nation* 33 (1931), p. 300; également cité dans le *New York Times*, 22 novembre 1931; reproduit in *Mein Weltbild*.

Je suis non seulement un pacifiste, mais un pacifiste militant. J'ai le profond désir de combattre pour la paix. (...) Ne vaut-il pas mieux pour un homme de mourir pour une cause en laquelle il croit, telle que la paix, que de souffrir pour une cause en laquelle il ne croit pas, telle que la guerre ?

Extrait d'une interview accordée lors d'un de ses voyages aux États-Unis, 1931 ; cité in Alfred Lief (dir.), *The Fight against War* (John Day, New York, 1933).

J'ai la conviction que le problème de l'instauration de la paix dans le monde sur une base supranationale ne sera résolu qu'en employant la méthode de Gandhi sur une plus grande échelle.

Lettre à G. Nellhaus, 20 mars 1951 ; Archives Einstein 60-683 ; également cité in Nathan et Norden, *Einstein on Peace*, p. 543.

Mes conceptions coïncident presque complètement avec celles de Gandhi. Mais je résisterais (individuellement et collectivement) par la violence [aux forces] qui tenteraient de me tuer ou de me priver, ou de priver mon peuple, des moyens fondamentaux de subsistance.

Lettre à A. Morrisett, 21 mars 1952 ; Archives Einstein 60-595.

Le but du pacifisme ne peut être atteint que par le biais d'une organisation supranationale. Défendre sans condition cette cause est (...) la pierre angulaire du véritable pacifisme.

*Ibid.*

Plus un pays fabrique d'armes, moins il devient sûr : si vous avez des armes, vous devenez une cible à attaquer.

Extrait d'une conversation avec M. Aram, janvier 1953 ; Archives Einstein 59-109.

Je suis un pacifiste *convaincu*, mais pas un pacifiste *absolu* ; je veux dire par là que je suis opposé à l'emploi de la force en toutes circonstances, sauf quand je suis confronté à un ennemi qui a pour objectif la destruction de la vie comme une *fin en soi*.

Lettre à un correspondant japonais, 23 juin 1953 ; Archives Einstein 61-297 et 298.

# *Sur la paix, la guerre, la bombe et l'armée*

Ce pire produit de l'instinct grégaire, le système militaire, que j'abhorre (...) cette plaie de la civilisation doit être abolie au plus vite. L'héroïsme sur commande, la violence dénuée de sens, et toutes ces absurdités répugnantes qui se perpètrent au nom du patriotisme — comme je les hais passionnément ! Comme la guerre me paraît vile et méprisable ! Je préférerais être taillé en pièces plutôt que de prendre part à cette abomination.

Extrait de « What I Believe », in *Forum and Century* 84 (1930), pp. 193-194 ; reproduit in *Ideas and Opinions*, pp. 8-11.

La guerre n'est pas un jeu de société dans lequel les joueurs s'en tiennent strictement aux règles. Là où la vie et la mort sont en jeu, on fait bon marché des règles et obligations. Seul le refus absolu de toute guerre peut être ici de quelque utilité.

Extrait d'une allocution prononcée devant un groupe

d'étudiants pacifistes allemands, vers 1930 ; publié in *Mein Weltbild*; reproduit in *Ideas and Opinions*, p. 94.

Nous devons (...) consacrer nos vies à tarir la source de la guerre : les usines d'armements.

Interview, 23 mai 1932 ; publié in *Pictorial Review*, février 1933 ; cité in Clark, *Einstein*, p. 453.

Voici le problème : y a-t-il un moyen de délivrer l'humanité de la menace de la guerre ? C'est un lieu commun que de dire qu'avec les avancées de la science moderne, ce problème est devenu une question de vie ou de mort pour la civilisation telle que nous la connaissons ; néanmoins, malgré tous les efforts déployés, toutes les tentatives pour le résoudre se sont soldées par de lamentables échecs.

Lettre à Sigmund Freud, 30 juillet 1932 ; publiée par l'Institut international pour la coopération culturelle, avec la réponse de Freud ; Archives Einstein 32-543 ; également cité in Nathan et Norden, *Einstein on Peace*, p. 188.

Quiconque souhaite réellement abolir la guerre doit se déclarer résolument en faveur de la renonciation par son propre pays d'une part de sa souveraineté, au profit d'institutions internationales.

Extrait de « America and the Disarmament Conference of 1932 » ; publié in *Mein Weltbild*, 1934 ; reproduit in *Ideas and Opinions*, p. 101.

Tant que les armées existeront, tout conflit sérieux conduira à la guerre. Un pacifisme qui ne combat pas activement l'armement des nations reste et restera impuissant.

Publié in *Mein Weltbild*; reproduit in *Ideas and Opinions*, p. 111.

[La possibilité de transformer un jour la matière en énergie] est quelque chose d'à peu près aussi sûr que de tirer sur des oiseaux dans l'obscurité dans un pays où il n'y a que très peu d'oiseaux.

Remarque lors d'une conférence de presse donnée en 1935, trois ans avant la première expérience réussie de fission de l'atome ; cité in Nathan et Norden, *Einstein on Peace*, p. 290.

Il n'est pas digne d'une grande nation de se croiser les bras pendant que de petits pays de grande culture sont détruits avec un mépris cynique de la justice.

Extrait d'un message adressé à un meeting pour la paix, 5 avril 1938 ; *ibid.*, p. 279.

De récents travaux d'E. Fermi et L. Szilard, qui m'ont été communiqués sous forme manuscrite, me laissent penser que l'uranium pourra être transformé en une nouvelle et importante source d'énergie dans un futur immédiat. Certains aspects de la situation qui s'est fait jour semblent requérir une grande vigilance, et, si nécessaire, une action rapide de la part du gouvernement américain.

Extrait d'une lettre au Président Franklin D. Roosevelt, 2 août 1939, suite à l'allocation de fonds gouvernementaux pour la mise au point de la bombe atomique ; la lettre avait été rédigée par Leo Szilard et signée par Einstein ; le texte est reproduit dans son intégralité in Clark, *Einstein*, pp. 556-557.

Ce nouveau phénomène [l'énergie atomique] conduira à la construction de bombes. (...) Une seule bombe de ce type, transportée par bateau et qui exploserait dans un port, pourrait fort bien détruire le port tout entier, ainsi qu'une partie du territoire environnant. Cependant, de telles armes pourraient se révéler trop lourdes pour être transportées par air.

*Ibid.*

À une force organisée on ne peut opposer qu'une force organisée. Pour regrettable que cela soit, il n'y a pas d'autre solution.

Lettre à un étudiant pacifiste, 14 juillet 1941 ; cité in Nathan et Norden, *Einstein on Peace*, p. 319.

Je n'ai jamais travaillé sur [la bombe atomique], jamais.

Cité dans le *New York Times*, 12 août 1945.

Tant que les nations exigeront une souveraineté sans limites, nous serons sans aucun doute confrontés à des guerres toujours plus importantes, menées avec des armes de plus en plus massives et technologiquement perfectionnées.

Lettre à Robert Hutchins, 10 septembre 1945 ; cité in Nathan et Norden, *Einstein on Peace*, p. 337.

La libération de l'énergie atomique n'a pas créé un nouveau problème. Elle n'a rendu que plus urgente la nécessité de résoudre un problème existant.

Extrait de « Atomic War or Peace », *Atlantic Monthly*, novembre 1945.

Je ne pense pas que la civilisation sera anéantie lors d'une guerre menée avec la bombe atomique. Peut-être les deux tiers de la population de la Terre seront-ils anéantis, mais un nombre suffisant d'hommes capables de penser — et de livres — survivront pour recommencer, et la civilisation sera restaurée.

*Ibid.*

Le secret de la bombe devrait être confié à un gouvernement mondial. (...) Dois-je craindre la tyrannie d'un gouvernement mondial? Bien sûr. Mais je crains encore davantage qu'une autre guerre, ou que d'autres guerres n'éclatent. Il est certain que tout gouvernement est, dans une certaine mesure, mauvais. Mais un gouvernement mondial est préférable à la calamité des guerres.

*Ibid.*

Je ne me considère pas moi-même comme le père de la libération de l'énergie atomique. Mon rôle en la matière a été tout à fait indirect. En fait, je n'ai pas prévu qu'elle serait libérée de mon vivant. Je pensais seulement qu'elle était théoriquement possible. Elle n'est devenue praticable qu'à la suite de la découverte accidentelle de la réaction en chaîne, et ce n'est pas quelque chose que j'aurais pu prévoir.

*Ibid.*

On ne doit pas oublier que la mise au point de la bombe atomique dans ce pays était une mesure préventive; il s'agissait de parer à son utilisation par les Allemands, au cas où ils l'auraient découverte.

*Ibid.*

Je ne dis pas que les États-Unis ne doivent pas fabriquer et stocker la bombe, car je crois qu'il est de leur devoir de le faire; ils doivent être capables de dissuader un autre pays de lancer une attaque atomique quand il possédera lui aussi la bombe.

*Ibid.*

Comme je ne prévois pas que l'énergie atomique devienne un bienfait avant longtemps, je dois dire que pour l'instant elle constitue une menace. Peut-être est-ce mieux ainsi. Elle peut intimider la race humaine et la forcer à mettre de l'ordre dans ses affaires internationales, ce que, sans la pression de la peur, elle ne fera jamais.

*Ibid.*

La guerre est gagnée, mais la paix ne l'est pas.

Déclaration au cinquième dîner du Nobel Anniversary à New York; cité dans le *New York Times*, 11 décembre 1945; reproduit in *Ideas and Opinions*, pp. 115-117.

Le refus de collaborer sur les questions militaires devrait être un principe moral essentiel pour tous les véritables savants (...) engagés dans la recherche fondamentale.

20 janvier 1947; cité in Nathan et Norden, *Einstein on Peace*, p. 401.

Il est caractéristique de la mentalité militaire que les facteurs non humains (bombes atomiques, bases stratégiques, armements de toutes sortes, maîtrise des matières premières, etc.) soient considérés comme essentiels, alors que l'être humain, ses désirs et ses pensées — en bref, les facteurs psychologiques — sont tenus pour négligeables et secondaires. (...) L'individu est ravalé (...) au rang de « matériel humain ».

Extrait de « The Military Mentality », *American Scholar*, été 1947.

Tant qu'il y aura des hommes, il y aura des guerres.

Lettre à Philippe Halsmann, 1947 ; Archives Einstein 58-260/262.

Quand la croyance en l'omnipotence de la force physique prend le dessus dans la vie politique, cette force acquiert sa propre autonomie et subjugue les hommes qui pensaient l'utiliser comme un outil.

Extrait d'une allocution prononcée par Einstein à New York le jour où lui a été décerné le prix One World (27 avril 1948) ; reproduit in *Out of My Later Years.*

Nous, scientifiques, dont la tragique destinée a été de contribuer à l'élaboration de techniques d'anéantissement toujours plus effroyables et efficaces, devons considérer de notre devoir solennel et transcendant de faire tout ce qui est en notre pouvoir pour empêcher l'utilisation de ces armements aux fins brutales pour lesquelles ils ont été inventés.

Cité par le *New York Times,* 29 août 1948.

La responsabilité incombe à ceux qui font usage de ces nouveaux outils et non à ceux qui contribuent au progrès de la connaissance : par conséquent, aux responsables politiques, et non aux savants.

Extrait d'une interview donnée à l'étudiant Milton James, février 1949 ; Archives Einstein 58-014.

Tant que la sécurité sera assurée par le biais de l'armement national, aucun pays ne sera prêt à renoncer aux armes susceptibles de lui garantir la victoire en cas de guerre. À mon avis, la sécurité ne peut être obtenue que par le renoncement à toute défense militaire nationale.

Lettre à Jacques Hadamard, 29 décembre 1949 ; Archives Einstein 12-064.

Si les travaux en vue de produire une bombe à hydrogène (...) sont couronnés de succès, l'empoisonnement radioactif de l'atmosphère et, partant, l'anéantissement de toute vie sur terre seront, d'un point de vue technique, de l'ordre du possible.

Extrait d'une émission de télévision d'Eleanor Roosevelt sur les implications de la bombe H, 13 février 1950; reproduit in *Ideas and Opinions*, pp. 159-161.

Dans mon esprit, tuer au cours d'une guerre ne vaut guère mieux que de commettre un meurtre ordinaire.

Cité par le magazine japonais *Kaizo*, automne 1952.

La première bombe atomique a détruit plus que la seule ville d'Hiroshima. Elle a également fait voler en éclats les idées politiques démodées dont nous avons hérité.

Déclaration cosignée citée dans le *New York Times*, 12 juin 1953.

Il n'y a jamais eu la moindre allusion à une éventuelle application technologique de quelque sorte que ce soit.

Lettre d'Einstein à Jules Isaac, 28 février 1955, réfutant l'idée selon laquelle sa théorie de la relativité était à l'origine de la fission atomique et de la bombe atomique (obtenue en décembre 1938 à Berlin par Otto Hahn et Fritz Strassmann, la fission atomique a été rendue possible par la découverte du neutron en 1932 par James Chadwick, la fission requérant des neutrons) ; cité in Nathan et Norden, *Einstein on Peace*, p. 263.

Nous avons devant nous, si nous le voulons, un progrès continu en matière de bonheur, de connaissance et de sagesse. Choisirons-nous plutôt la mort, parce que nous ne pouvons oublier nos querelles? Nous en appelons, en tant qu'êtres humains, aux êtres humains : souvenons-nous de notre humanité et oublions le reste.

Dernière déclaration signée d'Einstein, publiée avec Bertrand Russell, 11 avril 1955, une semaine avant la mort d'Einstein ; Archives Einstein 33-212.

Si j'avais su que les Allemands ne réussiraient pas à produire une bombe atomique, je n'aurais pas levé le petit doigt.

Cité in Vallentin, *Das Drama Albert Einsteins*, p. 278.

La libération de la puissance de l'atome a tout changé, sauf nos modes de pensée, et, de ce fait, nous nous acheminons vers des catastrophes sans précédent.

Cité dans le *New York Times*, 2 août 1964.

J'ai commis une seule erreur dans ma vie — le jour où j'ai signé cette lettre au Président Roosevelt dans laquelle je préconisais que la bombe atomique soit construite. Mais peut-être puis-je être pardonné pour cela dans la mesure où nous sentions tous qu'il y avait de hautes probabilités que les Allemands travaillent sur ce problème et qu'ils puissent réussir et utiliser la bombe atomique pour devenir la race dominante.

Lettre à Linus Pauling, citée dans le journal de Pauling, ainsi que dans le documentaire d'A&E Television, *Einstein Biography*, VPI International, 1991 ; également cité par Ted Morgan, *Franklin Delano Roosevelt*, Simon & Schuster, New York, 1985.

# *Sur la politique, le patriotisme et l'État*

Le nationalisme est une maladie infantile. C'est la rougeole de l'humanité.

Déclaration à G. S. Viereck, 1921 ; cité in Dukas et Hoffmann, *Albert Einstein, the Human Side*, p. 38.

Mon idéal politique est celui de la démocratie. Que chaque homme soit respecté en tant qu'individu, et qu'aucun homme ne soit idolâtré.

Extrait de « What I Believe », *Forum and Century* 84 (1930), pp. 193-194 ; reproduit in *Ideas and Opinions*, pp. 8-11.

L'État est fait pour l'homme, et non l'homme pour l'État. (...) En d'autres termes, l'État devrait être notre serviteur et nous ne devrions pas être ses esclaves.

*The Nation* 33 (1931), p. 300; reproduit in *Mein Weltbild.*

Tant que j'ai le choix, je ne vivrai que dans un pays où la liberté politique, la tolérance et l'égalité de tous les citoyens devant la loi sont la règle. (...) Ces conditions ne sont pas réunies en Allemagne à l'heure actuelle.

Extrait de « Manifesto », mars 1933 ; publié in *Mein Weltbild*; reproduit in *Ideas and Opinions*, p. 205.

À mon avis, le nationalisme n'est rien d'autre qu'une rationalisation idéaliste du militarisme et de l'agressivité.

Extrait de la première version d'un discours prononcé au Royal Albert Hall de Londres, le 3 octobre 1933; cité in Nathan et Norden, *Einstein on Peace*, p. 242.

La politique est un pendule dont les oscillations entre anarchie et tyrannie sont impulsées par des illusions perpétuellement rajeunies.

Aphorisme, 1937 ; cité in Dukas et Hoffmann, *Albert Einstein, the Human Side*, p. 38.

Il y a des époques où le climat du monde est propice aux choses éthiques. Parfois, les hommes se font confiance et créent le bien. À d'autres moments, il en va autrement.

Extrait d'une conversation enregistrée par Algernon Black, automne 1940; Archives Einstein 54-834.

Quand les gens vivent à une époque de mauvaise adaptation, quand règnent la tension et le déséquilibre, ils deviennent désaxés eux-mêmes et peuvent alors suivre n'importe quel meneur désaxé.

*Ibid.*

La plus grande faiblesse des démocraties est la peur économique.

*Ibid.*

Le seul salut pour la civilisation et la race humaine réside dans la création d'un gouvernement mondial, avec la sécurité des nations fondée sur la loi.

*New York Times*, 15 septembre 1945.

Tout ce qui est réalisé dans le domaine des relations internationales devrait être réalisé du point de vue suivant : est-ce que cela contribuera, ou nuira à la mise sur pied d'un gouvernement mondial ?

Extrait du texte d'une interview radiodiffusée, recueillie par P. A. Schilpp et F. Parmelee, 29 mai 1946 ; Archives Einstein 29-105 ; voir aussi Nathan et Norden, *Einstein on Peace*, p. 381.

Un gouvernement mondial, qui sera capable de résoudre des conflits entre les nations par des décisions légales, doit être créé. (...) Ce gouvernement doit être fondé sur une Constitution bien définie qui sera approuvée par les gouvernements et les nations, et qui, seule, autorisera l'emploi d'armes offensives.

*New York Times*, 30 mai 1946 ; cité in Pais, *Einstein Lived Here*, p. 232.

Nous devons méditer cette difficile leçon : l'avenir de l'humanité ne sera tolérable que lorsque nos actions, dans les affaires mondiales comme dans tous les autres domaines, seront fondées sur la justice et la loi plutôt que sur la menace de la force brute.

Extrait d'un message lu lors d'une cérémonie à la mémoire de Gandhi le 11 février 1946 ; cité in Nathan et Norden, *Einstein on Peace*, p. 467.

Il n'y a qu'*une seule* voie vers la paix et la sécurité : la voie d'une organisation supranationale. L'armement unilatéral sur une base nationale ne fait qu'accroître la confusion et l'incertitude générales sans offrir une protection efficace.

Extrait de l'allocution prononcée lors de la réception du prix One World, le 27 avril 1948; publié in *Out of My Later Years.*

Je préconise la création d'un gouvernement mondial parce que je suis convaincu qu'il n'y a pas d'autre manière d'éliminer le plus terrible danger auquel l'homme se soit jamais trouvé confronté. L'objectif d'éviter la destruction totale doit primer sur toute autre considération.

Réponse à une lettre ouverte d'un savant soviétique publiée dans le *New York Times,* 1948; cité in *Einstein on Humanism,* p. 45.

Agir intelligemment dans les affaires humaines n'est possible que si l'on tente de comprendre les pensées, les motivations et les appréhensions de son adversaire d'une manière si complète que l'on pourra voir le monde à travers son regard.

*Ibid.*, p. 39.

Une sécurité économique considérable au détriment de la liberté et des droits politiques.

Description du communisme, en réponse à une question posée par Milton James (7 octobre 1948) ; Archives Einstein 58-015.

Si l'idée d'un gouvernement mondial n'est pas réaliste, alors il n'y a qu'*une seule* vision réaliste de notre avenir; l'anéantissement total de l'homme par l'homme.

Commentaire à propos du film *Where Will You Hide ?* 1948; Archives Einstein 28-817.

Je n'ai jamais été communiste. Mais si je l'étais, je n'en aurais pas honte.

Lettre à Lydia B. Hewes, 10 juillet 1950 ; Archives Einstein 59-984.

L'humanité ne peut être sauvée que si un système supranational, fondé sur la loi, est créé pour éliminer le recours à la force brutale.

Déclaration à *Impact* 1 (1950), p. 104.

Tout intellectuel convoqué devant l'un des comités devrait refuser de témoigner; en d'autres termes, il doit se préparer à la prison et à la ruine économique (...) dans l'intérêt de la santé culturelle de ce pays.

Lettre à William Frauenglass, 16 mai 1953, à propos des auditions de la commission McCarthy; Archives Einstein 14-112.

Il n'y a pas une telle hystérie [anticommuniste] dans les pays d'Europe occidentale et il n'y a aucun danger pour que leurs gouvernements soient renversés par la force et la subversion, en dépit du fait que les partis communistes n'y sont ni persécutés, ni même ostracisés.

Lettre à E. Lindsay, 18 juillet 1953; Archives Einstein 60-362.

L'Europe de l'Ouest ne serait jamais devenue la proie de la Russie si les puissances occidentales avaient barré la route au fascisme agressif d'Hitler — une grave erreur à la suite de laquelle il a fallu implorer l'aide de la Russie.

*Ibid.*

L'appartenance à un parti est une chose pour laquelle aucun citoyen n'est obligé de rendre des comptes.

Lettre à C. Lamont, 2 janvier 1954 ; Archives Einstein 60-178.

La peur du communisme a conduit à des pratiques qui sont devenues incompréhensibles au reste de l'humanité civilisée et couvrent notre pays de ridicule.

Message à la Decalogue Society of Lawyers lors de la réception de leur prix ; *New York Times*, 21 février 1954.

Les investigations actuelles [de la Commission pour les activités antiaméricaines] constituent un danger incomparablement plus important pour notre société que celui que pourraient jamais représenter les quelques communistes présents dans le pays. Ces investigations ont déjà miné dans une considérable mesure le caractère démocratique de notre société.

Lettre à Felix Arnold, 19 mars 1954 ; Archives Einstein 59-118.

À l'époque de Platon, et même plus tard, à l'époque de Jefferson, il était encore possible de concilier la démocratie avec une aristocratie morale et intellectuelle, alors qu'aujourd'hui la démocratie est fondée sur un principe différent, selon lequel l'autre individu n'est pas meilleur que je ne le suis. (...) Cette attitude ne facilite pas du tout l'imitation.

À propos de la démocratie et de l'anti-intellectualisme, dans un « portrait » par Niccolo Tucci, *The New Yorker*, 22 novembre 1954, p. 54.

Excitées partout, les passions politiques exigent leurs victimes.

Derniers mots écrits de la main d'Einstein, manuscrit

inédit, 12-14 (?) avril 1955 ; cité in Pais, *Subtle Is the Lord*, p. 530.

C'est simple, mon ami : parce que la politique est plus difficile que la physique.

Répondant à quelqu'un qui lui demandait pourquoi les hommes pouvaient découvrir les atomes, mais pas les moyens de les contrôler ; rapporté dans le *New York Times*, 22 avril 1955.

À mon avis, de même qu'il n'est pas juste d'introduire la politique dans les questions scientifiques, il est injuste de tenir les individus responsables du pays dont ils se trouvent être ressortissants.

À H. A. Lorentz, cité in French, *Einstein, A Centenary Volume*, p. 187.

On doit diviser son temps entre la politique et les équations. Mais nos équations sont beaucoup plus importantes à mes yeux.

Cité par C. P. Snow, *ibid.*, p. 8.

# *Sur la religion, Dieu et la philosophie*

La « religion » d'Einstein, comme il l'a souvent expliqué, était une attitude de crainte et d'émerveillement devant le cosmos, et une humilité pieuse devant l'harmonie de la nature, plutôt qu'une croyance en un Dieu personnel capable d'influer sur les vies des individus.

Pourquoi m'écrivez-vous « Dieu devrait punir les Anglais » ? Je n'entretiens de relation étroite ni avec le premier, ni avec les seconds. Je vois seulement avec un profond regret que Dieu punit tant de Ses enfants à cause de leurs innombrables stupidités, pour lesquelles seulement Lui-Même devrait être tenu responsable ; à mon avis, seule Sa non-existence pourrait L'excuser.

Lettre à Edgar Meyer, un collègue suisse, 2 janvier 1915 ; document fourni par Robert Schulmann ; voir aussi *CPAE*, vol. VIII.

Dans tout être cherchant véritablement à éclaircir les mystères de la Nature, il y a une sorte de vénération religieuse, car il ne peut imaginer être le premier à démêler les fils extrêmement délicats qui relient ses perceptions [à l'objet étudié].

1920 ; cité in Moszkowski, *Conversations with Einstein*, p. 46.

Puisque nos expériences intérieures consistent en des reproductions et des combinaisons d'impressions sensorielles, le concept de l'âme me paraît vide et dénué de sens.

Lettre à une Viennoise, 5 février 1921 ; Archives Einstein 43-847 ; également cité in Dukas et Hoffmann, *Albert Einstein, the Human Side*, p. 40.

Je ne peux concevoir l'existence d'un Dieu personnel qui influencerait directement les actions des individus. (…) Ma religiosité consiste en une humble admiration de l'esprit infiniment supérieur qui se révèle dans le peu que nous (…) pouvons comprendre de la réalité.

Lettre à un banquier du Colorado, août 1927 ; Archives Einstein 48-380 ; également cité in Dukas et Hoffmann, *Albert Einstein, the Human Side*, p. 66.

Tout est déterminé (…) par des forces sur lesquelles nous n'exerçons aucun contrôle — pour l'insecte aussi bien que pour l'étoile. Êtres vivants, végétaux, ou poussière cosmique, nous dansons tous sur un air mystérieux, joué de loin par un flûtiste mystérieux.

*Saturday Evening Post*, 26 octobre 1929 ; cité in Clark, *Einstein*, pp. 346-347.

Je crois au Dieu de Spinoza qui se révèle dans l'harmonie de tout ce qui existe, mais non en un Dieu qui se préoccuperait du destin et des actes des êtres humains.

Télégramme à un journal juif, 1929 ; Archives Einstein 33-272 (Spinoza estimait que Dieu et le monde matériel ne font qu'un ; mieux on comprend comment fonctionne l'univers, plus on se rapproche de Dieu).

L'homme qui est profondément convaincu de l'universalité de la loi de causalité ne peut un seul instant caresser l'idée de l'existence d'un être interférant sur le cours des événements. (...) Il n'a que faire d'une religion fondée sur la peur, tout comme d'une religion sociale ou morale. Un Dieu qui récompense et punit lui est inconcevable, pour la simple raison que les actes de l'homme sont déterminés par la nécessité, interne et externe, de telle sorte qu'aux yeux de Dieu il ne peut être responsable, pas plus qu'un objet inanimé n'est responsable des forces auxquelles il est soumis. (...) Le comportement éthique d'un homme devrait être fondé essentiellement sur la compassion et l'éducation, ainsi que les besoins et les liens sociaux; aucun fondement religieux n'est nécessaire. L'homme serait en effet dans une triste position s'il devait être freiné par la peur d'un châtiment ou l'espoir d'une récompense après la mort.

Extrait de « Religion and Science », *New York Times Magazine*, 9 novembre 1930, pp. 1-4 ; voir aussi, en allemand, *Berliner Tageblatt*, 11 novembre 1930.

Tout ce que la race humaine a réalisé et pensé est lié à la satisfaction de besoins profondément éprouvés et au soulagement de la souffrance. On doit garder cela constamment à l'esprit si l'on veut comprendre les mouvements spirituels et leur développement. Les sentiments et les aspirations sont les moteurs de toutes les entreprises et de toutes les créations humaines.

*Ibid.*

Il est très difficile de faire comprendre ce sentiment [d'émerveillement religieux devant le cosmos] à quelqu'un qui lui est entièrement extérieur. (...) Les génies religieux de tous les temps ont été touchés par ce sentiment religieux, qui ne connaît aucun dogme, et aucun Dieu conçu à l'image de l'homme ; ainsi, il ne peut y avoir d'église dont les enseignements essentiels sont fondés sur lui. (...) À mes yeux, la plus importante fonction de l'art et de la science est d'éveiller ce sentiment et de le maintenir vivant chez ceux qui lui sont réceptifs.

À propos de la « religion cosmique » — le culte des beautés et de l'harmonie du monde physique, qui est devenu la foi commune des physiciens ; *ibid.*

Je maintiens que ce sentiment d'émerveillement religieux devant le cosmos constitue la plus forte et la plus noble motivation de la recherche scientifique.

*Ibid.*

Je suis de l'avis que les plus belles spéculations dans le domaine de la science découlent d'un profond sentiment religieux. (...) Je crois aussi que cette sorte de religiosité (...) est la seule activité religieuse créatrice de notre temps.

*Forum* 83 (1930), p. 373.

Je ne peux concevoir un Dieu qui récompenserait et punirait ses créatures, ou qui serait doué du même genre de volonté que celle dont nous faisons l'expérience en nous-même. Pas plus pourrais-je, ni voudrais-je concevoir un individu qui survivrait à sa mort physique ; laissons les âmes faibles, par peur ou par un égoïsme absurde, chérir de telles pensées.

Extrait de « What I Believe », *Forum and Century* 84 (1930), pp. 193-194 ; reproduit in *Ideas and Opinions*, pp. 8-11.

Nos actes devraient être fondés sur la conscience de tous les instants que les êtres humains dans leurs pensées, leurs sentiments et leurs actions ne sont pas libres, mais qu'ils sont tout aussi liés causalement que les étoiles dans leurs mouvements.

Déclaration devant la Spinoza Society of America, 22 septembre 1932 ; Archives Einstein 33-291.

La philosophie est comme une mère qui aurait enfanté — et nourri — les autres sciences. De ce fait, on ne devrait pas la dédaigner dans sa nudité et sa pauvreté, mais, au contraire, il faudrait espérer qu'une partie de son idéal à la Don Quichotte survivra chez ses enfants, afin qu'ils ne sombrent pas dans le philistinisme.

Lettre à Bruno Winawer, 8 septembre 1932 ; Archives Einstein 36-532 ; cité in Dukas et Hoffmann, *Albert Einstein, the Human Side*, p. 106.

Je ne peux imaginer un Dieu qui récompenserait et punirait les objets de sa création, et dont les desseins seraient modelés d'après les nôtres — un Dieu, en bref, qui ne serait qu'un reflet de la fragilité humaine. (...) Il me suffit de contempler le mystère de la vie consciente qui se perpétue à travers l'éternité pour méditer sur la structure merveilleuse de l'univers que nous pouvons à peine percevoir, et tenter humblement de comprendre ne serait-ce qu'une part infinitésimale de l'intelligence manifestée dans la Nature.

Extrait de « My Credo », pour la Ligue allemande des droits de l'homme, 1932 ; cité in Leach, *Living Philosophies*, p. 3.

La religion organisée pourrait recouvrer une part du respect qu'elle a perdu au cours de la dernière guerre, si elle s'employait à mobiliser la bonne volonté et l'énergie de ses sectateurs contre la vague montante de l'antilibéralisme.

*New York Times*, 30 avril 1934 ; également cité in Pais, *Einstein Lived Here*, p. 205.

Parmi les esprits scientifiques les plus profonds, vous en trouverez difficilement un seul qui ne professe pas un sentiment religieux de son cru. Mais cette foi est différente de la religiosité de l'homme naïf. Pour ce dernier, Dieu est un être dont on espère attirer les faveurs, et dont on craint les punitions ; une sublimation d'un sentiment semblable à celui d'un enfant envers son père.

Extrait de « The Religious Spirit of Science » ; publié in *Mein Weltbild*, 1934 ; reproduit in *Ideas and Opinions*, p. 40.

Le savant est possédé par la notion de causalité universelle. (...) Son sentiment religieux revêt la forme d'un émerveillement extatique devant l'harmonie de la loi naturelle, qui révèle une intelligence d'une telle supériorité que, comparés à elle, tous les actes et toutes les pensées enfermés dans les systèmes des êtres humains sont parfaitement insignifiants. (...) Cette intelligence est sans aucun doute très semblable à celle que possèdent les génies religieux à toutes les époques.

*Ibid.*

Quelle est la signification de la vie humaine, ou, pour la question qui nous occupe, de la vie de n'importe quelle créature ? Connaître une réponse à cette question signifie être religieux. On demande alors : cela a-t-il un sens de poser cette question ? Je réponds : l'homme qui considère que sa propre vie et celles des autres créatures terrestres n'ont pas de sens est non seulement malheureux, mais inadapté à la vie.

Publié in *Mein Weltbild*, 1934 ; reproduit in *Ideas and Opinions*, p. 11.

Tout homme sérieusement impliqué dans la recherche scientifique devient convaincu qu'un esprit se manifeste à travers les lois de l'Univers — un esprit largement supérieur à celui de l'homme. (...) De cette manière, la recherche scientifique conduit à un sentiment religieux d'un genre spécial, qui est en vérité tout à fait différent de la religiosité de quelqu'un de plus naïf.

Lettre à un enfant qui demandait si les savants priaient, 24 janvier 1936 ; Archives Einstein 42-601.

Quoi qu'il en soit de Dieu et de la bonté dans l'univers, cette dernière doit fonctionner toute seule et s'exprimer à travers nous. Nous ne pouvons rester à l'écart et laisser Dieu s'en occuper.

Extrait d'une conversation enregistrée par Algernon Black, automne 1940 ; Archives Einstein 54-834.

Une personne religieuse est dévote en ce sens qu'elle ne doutera jamais de la signification de ces objets et desseins suprapersonnels auxquels il est impossible de trouver un fondement rationnel — dont ils n'ont d'ailleurs pas besoin pour exister.

*Nature* 146 (1940), p. 605.

Au [domaine de la religion] appartient la foi dans la possibilité que les règles valides pour le monde tel qu'il existe sont rationnelles, ou si l'on préfère, compréhensibles par la raison. Je ne peux concevoir qu'un véritable savant n'éprouve pas cette foi profonde.

Extrait de « Science and Religion », contribution écrite à un colloque tenu à New York en 1941 sur les contributions de la science, de la philosophie et de la religion à la cause de la démocratie américaine ; Archives Einstein 28-523 ; in *Ideas and Opinions*, pp. 41-49.

La science sans religion est boiteuse, la religion sans la science est aveugle.

*Ibid.*, p. 46. (Il s'agit peut-être d'une paraphrase de la formule de Kant : « La notion sans l'intuition est vide, l'intuition sans la notion est aveugle. »)

La principale source des conflits actuels entre les sphères de la religion et de la science réside dans le concept d'un Dieu personnel.

*Ibid.*, p. 47.

Dans leur combat pour le bien moral, les docteurs de la religion doivent avoir assez d'audace pour renoncer à la doctrine d'un Dieu personnel, ou, si l'on préfère, à cette source de crainte et d'espoir qui, dans le passé, a placé un pouvoir aussi considérable entre les mains des prêtres.

*Ibid.*, p. 48.

Plus loin l'évolution spirituelle de l'humanité progresse, plus il me paraît certain que la voie vers la véritable religiosité ne passe pas par la peur de la vie, et la peur de la mort, et la foi aveugle, mais par la recherche d'une connaissance rationnelle.

*Ibid.*, p. 49.

Il est tout à fait possible que nous puissions faire des choses plus importantes que Jésus, car ce qui est écrit dans la Bible à son sujet est poétiquement enjolivé.

Cité in W. Hermanns, « A Talk With Einstein », octobre 1943 ; Archives Einstein 55-285.

Aucune idée n'est conçue dans notre esprit indépendamment de nos cinq sens [*i. e.*, aucune idée n'est d'inspiration divine].

*Ibid.*

Je doute que la philosophie et la raison guideront l'homme dans un avenir prévisible ; cependant, elles resteront pour une minorité le plus beau sanctuaire qu'elles ont toujours été.

Lettre à Benedetto Croce, 7 juin 1944 ; Archives Einstein 34-075 ; également cité in Pais, *Einstein Lived Here*, p. 122.

Je lis souvent la Bible, mais son texte original m'est resté inaccessible.

Lettre à H. Friedmann, 2 septembre 1945 ; à propos de sa méconnaissance de l'hébreu, cité in Pais, *Subtle Is the Lord*, p. 38.

C'est ce (...) contenu symbolique des traditions religieuses qui est susceptible d'entrer en conflit avec la science. (...) Ainsi, il est d'une importance vitale pour la préservation de la vraie religion que de tels conflits soient évités quand ils surgissent à propos de sujets qui, en fait, ne sont pas essentiels à la réalisation des objectifs religieux.

Déclaration devant le Liberal Ministers' Club, New York; *The Christian Register*, juin 1948.

Ma position à propos de Dieu est celle d'un agnostique. Je suis convaincu qu'une conscience aiguë de l'importance primordiale des principes moraux pour l'amélioration et l'anoblissement de la vie n'a pas besoin de l'idée d'un dispensateur de la loi, et surtout d'un dispensateur de la loi œuvrant sur la base de la récompense et du châtiment.

Lettre à M. Berkowitz, 25 octobre 1950 ; Archives Einstein 59-215.

Je n'ai pas trouvé de meilleure expression que « religieux » pour qualifier la confiance en la nature rationnelle de la réalité, pour autant qu'elle est accessible à la raison humaine. Chaque fois que ce sentiment fait défaut, la science dégénère en un empirisme dénué d'inspiration.

Lettre à Maurice Solovine, 1er janvier 1951 ; Archives Einstein 21-474, 80-871.

La simple incroyance en un Dieu personnel ne fait pas du tout une philosophie.

Lettre à V. T. Aaltonen, 7 mai 1952, à propos de son opinion selon laquelle la foi en un Dieu personnel est supérieure à l'athéisme; Archives Einstein 59-059.

Mon sentiment est religieux dans la mesure où je suis pénétré de la conscience de l'incapacité de l'esprit humain à comprendre plus profondément l'harmonie de l'Univers que nous tentons de formuler par l'expression « lois de la nature ».

Lettre à Beatrice Frohlich, 17 décembre 1952 ; Archives Einstein 59-797.

L'idée d'un Dieu personnel m'est tout à fait étrangère, et me semble même naïve.

*Ibid.*

Présumer l'existence d'un être que l'on ne peut percevoir (...) ne facilite pas la compréhension de l'ordre que l'on constate dans le monde perceptible.

Lettre à un étudiant du Iowa qui demandait « Qui est Dieu ? », juillet 1953 ; Archives Einstein 59-085.

Je ne crois pas en l'immortalité de l'individu, et je considère que l'éthique est une préoccupation exclusivement humaine sans autorité suprahumaine au-dessus d'elle.

Juillet 1953 ; Archives Einstein 36-553 ; également cité in Dukas et Hoffmann, *Albert Einstein, the Human Side*, p. 39.

Si Dieu a créé le monde, son souci premier n'a certainement pas été de nous le rendre facilement intelligible.

Lettre à David Bohm, 10 février 1954 ; Archives Einstein 8-041.

Je considère que la Société des amis est la communauté religieuse ayant les plus hautes exigences morales. Pour autant que je sache, ses membres ne se sont jamais compromis, et ont toujours été guidés par leur conscience. À l'échelle internationale, tout spécialement, l'influence de la société me paraît très bénéfique et efficace.

Lettre à A. Chapple, correspondant australien, à propos de la Society of Friends, 23 février 1954; Archives Einstein 59-405 ; également cité in Nathan et Norden, *Einstein on Peace*, p. 510.

Je ne crois pas en un Dieu personnel et je ne l'ai jamais caché. Bien au contraire, je l'ai exprimé clairement. S'il y a quelque chose en moi qui peut être qualifié de religieux, c'est l'admiration sans limites pour la structure du monde, pour autant que la science soit en mesure de la révéler.

Lettre à un admirateur, 22 mars 1954, Archives Einstein 39-525 ; également cité in Dukas et Hoffmann, *Albert Einstein, the Human Side*, p. 43.

Je suis un incroyant profondément religieux. (...) C'est d'une certaine manière une nouvelle sorte de religion.

Lettre à Hans Muesham, 30 mars 1954 ; Archives Einstein 30-1154.

Je n'ai jamais assigné à la Nature ni dessein, ni but, ni quoi que ce soit qui puisse être compris comme anthropomorphique. Ce que je vois dans la Nature est une magnifique structure que nous ne pouvons appréhender que très imparfaitement, et qui doit pénétrer une personne pensante d'un sentiment d'humilité. C'est un sentiment véritablement religieux qui n'a rien à voir avec le mysticisme.

1954 ou 1955; cité in Dukas et Hoffmann, *Albert Einstein, the Human Side*, p. 39.

La valeur morale d'un homme ne se mesure pas à ce que sont ses croyances religieuses, mais plutôt aux impulsions émotionnelles qu'il a reçues de la Nature pendant la durée de sa vie.

À sœur Margrit Goehner, février 1955 ; Archives Einstein 59-831.

L'épistémologie sans contact avec la science devient une construction creuse. La science sans épistémologie — pour autant que l'on puisse le concevoir — est rudimentaire et confuse.

Cité in Schilpp, *Albert Einstein : Philosopher-Scientist*, p. 5.

J'en suis ainsi venu (...) à une profonde religiosité, laquelle, cependant, a pris abruptement fin à l'âge de douze ans. Par le biais de la lecture de livres de vulgarisation scientifique, j'ai bientôt acquis la conviction qu'une grande partie des récits de la Bible ne peuvent être véridiques. (...) Une suspicion face à tout type d'autorité est issue de cette expérience (...) une attitude qui ne m'a jamais quitté.

*Ibid.*, p. 9.

Là-haut dans le ciel, il y a cet univers immense, qui existe indépendamment de nous, êtres humains, et qui s'offre à nous telle une immense et éternelle énigme, au moins partiellement accessible à notre entendement et à notre pensée. La contemplation de cet univers m'est apparue comme une libération, et j'ai vite remarqué que la plupart des hommes que j'avais appris à estimer et admirer avaient trouvé la liberté et la sérénité intérieures en s'y consacrant de toute leur âme.

*Ibid.*, p. 95.

Toute la philosophie ne paraît-elle pas écrite dans du miel ? Une chose peut sembler claire de prime abord, mais qu'on la considère à nouveau, elle a disparu. Il ne reste que de la bouillie.

Cité in Rosenthal-Schneider, *Reality and Scientific Truth*, p. 90.

Mes conceptions sont proches de celles de Spinoza : admiration pour la beauté, et foi en la simplicité logique de l'ordre et de l'harmonie que nous ne pouvons appréhender qu'avec humilité et de façon seulement imparfaite. Je crois que nous devons nous contenter de l'imperfection de notre savoir et de notre compréhension, et considérer les valeurs et les obligations morales comme des problèmes purement humains.

Cité in Hoffmann, *Albert Einstein : Creator and Rebel*, p. 95.

Ma religion consiste en une humble admiration de l'esprit supérieur illimité qui se révèle lui-même dans les infimes détails que nous sommes capables de percevoir avec nos faibles et fragiles consciences. Cette conviction éminemment émotionnelle de la présence d'une force raisonnante supérieure, révélée dans l'univers incompréhensible, fonde mon idée de Dieu.

Cité dans la nécrologie du *New York Times*, 19 avril 1955, au lendemain du décès d'Einstein.

# *Sur la science et les savants, les mathématiques et la technologie*

$E = mc^2$.

Cette affirmation de l'équivalence de la masse et de l'énergie — l'énergie est égale à la masse multipliée par le carré de la vitesse de la lumière — a inauguré l'ère atomique. La formulation initiale était : « Si un corps libère l'énergie L sous la forme d'un rayonnement, sa masse décroît de $L/V^2$ » (extrait de l'article « Ist die Tragheit eines Körpers von seinem Energieinhalt abhängig ? [L'inertie d'un corps dépend-elle de son contenu énergétique ?] » paru dans la revue *Annalen der Physik* 18 (1905), pp. 639-641 ; voir *CPAE*, vol. II, doc. 24). L'équation dérive de la théorie de la relativité restreinte, qui a joué un rôle décisif dans la recherche et la mise au point de l'énergie nucléaire. Une masse peut se transformer en une grande quantité d'énergie (*i. e.*, quand une particule est libérée par un atome, elle se transforme en énergie), et c'est là la démonstration d'un lien fondamental dans la nature. Cette théorie a également introduit une nouvelle définition de l'espace et du temps.

Nous pouvons en conclure qu'une horloge à balancier située sur l'équateur de la Terre doit fonctionner plus lentement, à quelques fractions de secondes près, qu'une horloge exactement identique positionnée sur l'un des pôles dans des conditions par ailleurs semblables.

Extrait de « Zur Elektrodynamik bewegter Körper [De l'électrodynamique des corps en mouvement] », *Annalen der Physik* 17 (1905), pp. 891-921 ; voir *CPAE*, vol. II, doc. 23.

Chaque rayon de lumière se déplace dans le référentiel « au repos » avec une vitesse constante et définie, V, indépendamment du fait que ce rayon de lumière soit émis par un corps au repos ou un corps en mouvement.

1905 ; *ibid.*

Parce que j'ai eu l'heureuse idée d'introduire le principe de la relativité dans la physique, vous (et d'autres) surestimez énormément mes capacités scientifiques, à un point qui me rend quelque peu mal à l'aise.

Lettre à Arnold Sommerfeld, 14 janvier 1908 ; *CPAE*, vol. V, doc. 73.

Les gens qui ont eu le privilège d'apporter leur pierre au progrès de la science ne devraient pas laisser [les discussions sur l'antériorité de leur découverte] prendre le pas sur la joie de voir aboutir une entreprise commune.

Lettre à Johannes Stark, 22 février 1908 ; *CPAE*, vol. V, doc. 88.

Plus la théorie des quanta a de succès, plus elle paraît idiote.

Lettre à Heinrich Zangger, 20 mai 1912 ; *CPAE*, vol. V, doc. 398.

Je n'arrive pas à trouver le temps pour écrire, car je suis occupé par des choses vraiment importantes. Jour et nuit je me creuse la cervelle pour pénétrer plus profondément dans les choses que j'ai progressivement découvertes au cours des deux années passées et qui représentent une avancée sans précédent dans le domaine des problèmes fondamentaux de la physique.

Lettre à Elsa Löwenthal, février 1914, à propos de ses travaux sur l'extension de la théorie de la gravitation, dont la première partie avait été publiée six mois plus tôt ; *CPAE*, vol. 5, doc. 509.

L'état d'esprit qui permet à un homme de réaliser un travail de ce genre (...) est semblable à celui de l'adorateur religieux ou de l'amant ; l'effort quotidien ne procède d'aucun programme ni d'aucune intention délibérée, mais vient directement du cœur.

Extrait de « Principles of Research », discours pour le soixantième anniversaire de Max Planck, 1918 ; publié in *Mein Weltbild* ; reproduit in *Ideas and Opinions*, pp. 224-227.

Je crois avec Schopenhauer que l'une des plus fortes motivations qui conduisent les hommes vers l'art et la science est le besoin d'échapper à la vie de tous les jours, avec sa pénible trivialité et sa monotonie désespérante — d'autant plus cruellement ressenties que nos désirs quotidiens sont entravés. (...) Une nature bien équilibrée aspire à s'échapper de la vie personnelle pour se plonger dans le monde de la pensée et de la perception objective.

*Ibid.*

Eh bien j'aurais été désolé pour notre bon Seigneur. Quoi qu'il en soit, la théorie est valide.

1919 ; en réponse à la question d'un étudiant qui lui demandait comment il aurait réagi si sa théorie de la relativité générale n'avait pas été confirmée expérimentalement ; cité in Rosenthal-Schneider, *Reality and Scientific Truth*, p. 74.

Mon intime conviction est que le développement des sciences a essentiellement pour objet de satisfaire l'aspiration à la connaissance pure.

1920 ; cité in Moszkowski, *Conversations with Einstein*, p. 173.

Le mot « découverte » en lui-même doit être écarté. Car découvrir revient à prendre conscience d'une chose qui est déjà formée ; cela renvoie à la preuve, qui ne présente plus le caractère d'une « découverte », mais, en dernière instance, celui des moyens qui conduisent à la découverte. (...) La découverte n'est vraiment pas un acte créateur.

*Ibid.*, p. 95.

Le pan du savoir qui n'a pas encore été exploré donne à l'investigateur un sentiment semblable à celui qu'éprouve un enfant cherchant à comprendre le redoutable esprit manipulateur des adultes.

*Ibid.*, p. 46.

Pour autant que la géométrie soit certaine, elle ne dit rien du monde réel, et pour autant qu'elle dise quelque chose de notre expérience, elle est incertaine.

Extrait d'une conférence donnée devant l'Académie des sciences de Prusse, 27 janvier 1921 ; cité in Frank, *Einstein : His Life and Times*, p. 177.

Le Seigneur Dieu est subtil, mais il n'est certainement pas malicieux.

Confié à l'origine à Oscar Veblen, professeur de mathématiques à l'université de Princeton, en mai 1921, alors qu'Einstein se trouvait à Princeton pour une série de conférences — et venait d'apprendre que des scientifiques s'apprêtaient à mener une expérience qui menaçait d'infirmer sa théorie de la gravitation. Les résultats se révélèrent négatifs. Certains auteurs estiment que par cette remarque Einstein voulait dire que la Nature dissimule ses secrets en étant subtile, tandis que d'autres soutiennent que la Nature est espiègle, mais qu'elle n'est pas trompeuse. Cette formule a été gravée au-dessus de la cheminée du salon de la faculté de mathématiques de Princeton, l'ancien Fine Hall (aujourd'hui, Jones Hall, 202), dans sa version originale allemande : « Raffiniert ist der Herr Gott, aber boshaft ist Er nicht. »

Je reviens sur ce que j'ai dit. Peut-être que Dieu *est* malicieux.

À Valentine Bargmann, pour dire que Dieu nous fait croire que nous avons compris quelque chose alors qu'en réalité nous sommes loin d'avoir compris ; cité in Sayen, *Einstein in America*, p. 51.

La nature dissimule ses secrets parce qu'elle est sublime, non parce qu'elle est une tricheuse.

Aphorisme griffonné en allemand de la main d'Einstein ; découvert récemment par Joszef Illy dans le double des archives d'Einstein (fonds déposé à Boston).

La relativité est une question purement scientifique et n'a rien à voir avec la religion.

En réponse à la question de l'archevêque de Cantorbéry sur « les effets de la relativité en matière de religion », Londres 1921 ; cité in Frank, *Einstein, His Life and Times*, p. 190.

Pour ce qui est de l'expression « théorie de la relativité », je reconnais qu'elle est malheureuse, et qu'elle a donné lieu à des malentendus philosophiques.

Lettre à E. Zschimmer, 30 septembre 1921, à propos de la dénomination de sa théorie, qui lui avait été fournie par Planck, et était restée, bien qu'il n'en fût pas satisfait. Il aurait préféré « théorie de l'invariance », qui à ses yeux aurait mieux décrit la *méthode*, sinon le contenu. Voir Holton, *The Advancement of Science*, pp. 69, 110, 312 n. 21.

Je travaillais au Bureau des brevets à Berne quand tout à coup une pensée m'a traversé l'esprit : si une personne tombe en chute libre, elle n'a pas conscience de son poids. Ce fut une révélation. Cette simple pensée a produit sur moi une profonde impression. Elle m'a montré la voie de la théorie de la gravitation.

Extrait d'une conférence donnée à Kyoto, cité in J. Ishiwara, *Einstein Koen-Roku* (Tokyo, 1977).

Une fois atteint un certain degré de technicité, la science et l'art tendent à se fondre dans l'esthétique, la plasticité et la forme. Les grands savants sont toujours, aussi, des artistes.

Remarque formulée en 1923, rapportée par Archibald Henderson, *Durham Morning Herald*, 21 août 1955 ; Archives Einstein 33-257.

Plus on fait la chasse aux quanta, mieux ils se cachent.

Lettre à Paul Ehrenfest, 12 juillet 1924, où Einstein exprime sa frustration par rapport à la théorie des quanta ; Archives Einstein 10-089.

Mon intérêt pour la science s'est toujours limité pour l'essentiel à l'étude des principes. (...) Le fait que j'aie publié si peu est dû à la même raison, le besoin impérieux d'appréhender des principes m'ayant obligé à consacrer la plus grande partie de mon temps à des recherches infructueuses.

Lettre à Maurice Solovine, 30 octobre 1923 ; Archives Einstein 21-195.

La mécanique des quanta est tout à fait digne de considération. Mais une voix intérieure me dit que ce n'est pas le vrai Jacob. La théorie a beaucoup à offrir, mais elle ne nous rapproche guère des secrets de l'Ancien. En tout cas, je suis convaincu qu'Il ne joue pas aux dés.

Lettre à Max Born, 4 décembre 1926 ; Archives Einstein 8-180 ; également cité in French, *Einstein : A Centenary Volume*, p. 275.

J'admire au plus haut point l'œuvre de la jeune génération de physiciens, baptisée du nom générique de mécanique des quanta, et je crois profondément en la validité de cette théorie ; mais je pense que s'en tenir à des lois statistiques n'aura qu'un temps.

Extrait d'un discours prononcé le 28 juin 1929, lors de la réception de la Médaille de Planck ; cité in *Forschungen und Fortschritte* 5 (1929), pp. 248-249.

Le souci de l'homme lui-même et de son destin doit toujours être le principal objet de toutes les recherches dans le domaine de la technique (...) afin que les créations de notre esprit soient une bénédiction et non une malédiction pour l'humanité. N'oubliez jamais cela au milieu de vos diagrammes et de vos équations.

Extrait d'une allocution prononcée au California Institute of Technology de Pasadena en février 1931 ; cité dans le *Times*, 1er juillet 1985.

Pourquoi cette magnifique science appliquée qui épargne du travail et rend la vie plus facile nous apporte-t-elle si peu de bonheur ? La réponse est simple : parce que nous n'avons pas encore appris à en faire un usage sensé.

*Ibid.*

Le souci de l'homme lui-même doit toujours constituer l'objectif premier de toute recherche technologique.

*Ibid.* ; également cité in Nathan et Norden, *Einstein on Peace*, p. 122.

Le savant trouve toujours sa récompense dans ce que Henri Poincaré appelle la joie de la compréhension, et non dans les possibilités d'application auxquelles une éventuelle découverte pourrait conduire.

Extrait de son « Prologue » à Max Planck, *Where Is Science Going ?* 1932, p. 211.

Je crois que la mode actuelle consistant à appliquer les lois de la science physique à la vie humaine non seulement est une erreur, mais a quelque chose de répréhensible.

Sur les abus du recours à la science dans des domaines

où elle n'est pas applicable, 1932 ; *ibid.* ; également cité par Loren R. Graham in Holton et Elkana, *Albert Einstein, Historical and Cultural Perspectives*, p. 107.

Les années à chercher dans l'obscurité une vérité que l'on pressent mais qu'on ne peut exprimer, le désir intense et l'alternance de moments de confiance et de doute jusqu'à ce que tout devienne soudain clair et compréhensible, ne sont connus que de celui qui les a éprouvés lui-même.

Extrait d'une conférence donnée à l'université de Glasgow, 20 juin 1933 ; cité in *The Origins of the Theory of Relativity*.

À vrai dire, ce ne sont pas les fruits de la recherche scientifique qui élèvent un homme et enrichissent sa nature, mais le désir pressant de comprendre, le travail intellectuel, qu'il soit créatif ou passif.

*Mein Weltbild*, 134 ; reproduit in *Ideas and Opinions*.

Le grand public est peut-être capable de s'intéresser aux détails de la recherche scientifique, mais seulement jusqu'à un certain point ; mais il peut enregistrer au moins une grande et importante victoire : la certitude que la pensée humaine est sûre, et que la loi naturelle est universelle.

Extrait de « Science and Society », 1935 ; cité in *Einstein on Humanism*, p. 13.

La science dans son entier n'est rien de plus que le raffinement de la pensée.

Extrait de « Physics and Reality », *Franklin Institute Journal* 221, n°3 (mars 1936), pp. 349-382.

Je suis confronté aux mêmes problèmes qu'il y a dix ans. J'ai réussi sur des questions secondaires, mais le véritable but demeure inaccessible, même si parfois il paraît à portée de main. C'est dur, et en même temps gratifiant : dur parce que le but est au-delà de mes forces, gratifiant parce qu'il immunise contre les distractions de la vie de tous les jours.

Lettre à Otto Juliusburger, 28 septembre 1937; Archives Einstein 38-163.

Les concepts de la physique sont de libres créations de l'esprit humain et ne sont pas, contrairement à ce qu'on pourrait croire, déterminés par le monde extérieur.

Extrait de *The Evolution of Physics* (avec L. Infeld), 1938.

On a toujours espéré trouver une base théorique susceptible d'unifier [les diverses branches de la physique], (...) dont tous les concepts et interrelations des différentes disciplines découleraient par un processus logique. C'est ce que nous entendons par la quête d'un fondement de l'ensemble de la physique. La certitude que ce but ultime peut être atteint est la source principale de la passion qui a toujours animé le chercheur.

*Ibid.*

On ne peut aimer une voiture de la même manière qu'on aime un cheval. Le cheval éveille des sentiments humains — ce que ne peuvent faire les machines. (...) Les machines rendent notre vie impersonnelle, stérilisent certains éléments en nous [et créent un] environnement impersonnel.

Extrait d'une conversation enregistrée par Algernon Black, automne 1940; Archives Einstein 54-834.

Il est difficile de glisser un œil sur les cartes de Dieu. Mais qu'il ait choisi de jouer aux dés avec l'univers (...) est quelque chose que je ne peux croire un seul instant.

Lettre à Cornelius Lanczos, 21 mars 1942, dans laquelle il fait part de sa réaction face à la théorie des quanta, qui contredit la théorie de la relativité en affirmant qu'un observateur *peut* influer sur la réalité, et que les événements surviennent *au hasard*; Archives Einstein 15-294; cité in Hoffmann, *Albert Einstein : Creator and Rebel*, chap. 10; Frank, *Einstein : His Life and Times*, pp. 208, 285; Pais, *Einstein Lived Here*, p. 114. (Le physicien Niels Bohr aurait dit à Einstein : « Arrêtez de dire à Dieu ce qu'il doit faire ! »)

Ne vous inquiétez pas de vos difficultés en mathématiques; je peux vous assurer que les miennes sont encore plus considérables.

À une étudiante, Barbara Wilson, 7 janvier 1943 ; Archives Einstein 42-606 ; également cité in Dukas et Hoffmann, *Albert Einstein, the Human Side*, p. 8.

L'histoire entière de la physique depuis Galilée témoigne de l'importance de la fonction du théoricien de la physique, de qui procèdent les idées théoriques fondamentales. Une construction *a priori* dans le domaine physique est aussi essentielle que des faits empiriques.

Rapport à l'intention de l'Institute for Advanced Study, janvier (?) 1945, recommandant le théoricien Wolfgang Pauli plutôt que Robert Oppenheimer pour un poste de professeur à l'Institut ; Pauli déclina l'offre, et Oppenheimer, à qui devait être proposée la direction en 1946, accepta ; cité in Regis, *Who's Got Einstein Office ?* p. 135.

Un scientifique ne comprendra jamais pourquoi il devrait croire en des opinions pour la seule raison qu'elles sont contenues dans un livre particulier. (...) Il ne croira jamais que les résultats de ses propres recherches soient définitifs.

Lettre à J. Lee, 10 septembre 1945 ; Archives Einstein 57-061.

Je pense que l'effroyable détérioration de la conduite morale des hommes d'aujourd'hui découle de la mécanisation et de la déshumanisation de nos vies — le désastreux sous-produit de la mentalité scientifique et technique. *Nostra culpa!* L'homme se refroidit plus vite que la planète sur laquelle il vit.

Lettre à Otto Juliusberger, 11 avril 1946 ; Archives Einstein 38-228.

Dans mon travail scientifique, je suis toujours bloqué par les difficultés mathématiques qui m'ont empêché de confirmer ou de réfuter ma théorie générale relativiste du champ. (...) Je n'y arriverai jamais; ma théorie sera oubliée, et devra être redécouverte plus tard.

Lettre à Maurice Solovine, 25 novembre 1948 ; Archives Einstein 21-256, 80-865.

Le grand dessein de toute science est d'embrasser le plus grand nombre de faits empiriques en recourant à des déductions logiques à partir du plus petit nombre d'hypothèses ou d'axiomes.

Cité par *Life*, 9 janvier 1950.

La théorie unitaire du champ a été mise à la retraite. Il est si difficile d'en faire un emploi mathématique que je n'ai pas été capable de la vérifier d'une manière ou d'une autre, malgré tous mes efforts. Cet état de choses durera sans aucun doute pendant encore de nombreuses années, en grande partie parce que les physiciens ne comprennent pas grand-chose aux débats logico-philosophiques.

Lettre à Maurice Solovine, 12 février 1951 ; Archives Einstein 21-277.

La science est une chose merveilleuse tant qu'on ne doit pas gagner sa vie avec elle. On devrait gagner sa vie en se consacrant à un travail dont on est sûr de pouvoir s'acquitter. Ce n'est que lorsque nous n'avons de comptes à rendre à personne que nous pouvons éprouver de la joie dans la recherche scientifique.

Lettre à un étudiant californien, 1951 ; cité in Dukas et Hoffmann, *Albert Einstein, the Human Side*, p. 57.

L'amélioration des conditions de vie dans le monde ne dépend pas des connaissances scientifiques, mais, pour l'essentiel, de la mise en pratique de traditions et idéaux humains.

1952 ; cité in French, *Einstein : A Centenary Volume*, p. 197.

Le développement de la science occidentale est fondé sur deux grands acquis : l'invention de la logique formelle (grâce à la géométrie euclidienne) par les philosophes grecs, et la découverte de la possibilité de trouver des relations causales grâce à l'expérimentation systématique (pendant la Renaissance).

Lettre à J. S. Switzer, 23 avril 1953 ; Archives Einstein 61-381.

Que personne ne puisse se prononcer de manière tranchée quant à la validité ou la non validité [de la théorie du champ unitaire] résulte du fait qu'il n'existe pas de méthodes permettant de trouver des solutions compatibles avec un système d'équations non linéaires aussi compliqué. Il est même possible que personne n'y parviendra jamais.

Lettre à Maurice Solovine, 28 mai 1953 ; Archives Einstein 21-300.

Dans la recherche scientifique, la chance — même pour des personnes très douées — de parvenir à un résultat est très faible. (...) Il n'y a qu'une seule façon de réussir : consacrez la plus grande partie de votre temps à un travail pratique, et passez le reste à étudier. De cette façon, vous serez capable (...) de mener une vie normale et harmonieuse même sans être spécialement béni des Muses.

Lettre à un correspondant indien qui n'était pas sûr de la direction à adopter dans sa vie professionnelle (14 juillet 1953) ; cité in Dukas et Hoffmann, *Albert Einstein, the Human Side*, p. 59.

Il est étrange que la science, qui jadis semblait inoffensive, se soit transformée en un cauchemar faisant trembler tout le monde.

Lettre à la reine Élisabeth de Belgique, 28 mars 1954; Archives Einstein 32-410; cité in Whitrow, *Einstein*, p. 89.

Je crois qu'un véritable théoricien est une sorte de métaphysicien qui s'ignore, quand bien même il s'imagine être un pur « positiviste ».

Extrait de « On the Generalized Theory of Gravitation », *Scientific American* 182, n° 4 (avril 1954).

La science stagnera si on la met au service d'objectifs pratiques.

Cité in Nathan et Norden, *Einstein on Peace*, p. 402.

Des hommes vraiment voués au progrès des connaissances relatives au monde physique (...) n'ont jamais œuvré à des fins pratiques (sans même parler de fins militaires).

*Ibid.*, p. 510.

Il paraît douteux qu'une théorie du champ [de type classique] puisse rendre compte de la structure atomique de la matière et des rayonnements aussi bien que des phénomènes quantiques. La plupart des physiciens répondront par un « Non » catégorique, dans la mesure où ils estiment que le problème quantique a été résolu dans son principe par d'autres moyens. Quoi qu'il en soit, les mots réconfortants de Lessing demeurent : « L'aspiration à la vérité est plus précieuse que l'assurance de sa possession. »

Derniers mots écrits par Einstein sur un sujet scientifique (la théorie des quanta) ; cité in Seelig, *Helle Zeit, Dunkle Zeit.*

L'adulte normal ne s'encombre pas la tête de problèmes d'espace-temps. Tout ce qui doit être pensé sur le sujet, à son avis, l'a déjà été dans sa petite enfance. Pour ma part, au contraire, je me suis développé si lentement que je n'ai commencé à m'interroger sur l'espace et le temps qu'à l'âge adulte. Par conséquent, j'ai creusé plus profondément le problème que ne l'aurait fait n'importe quel enfant ordinaire.

*Ibid.*, p. 71.

J'ai pensé cent fois plus au problème des quanta qu'à la théorie de la relativité générale.

À Otto Stern, cité par Res Jost in Pais, « Einstein, Newton and Success », in French, *Einstein : A Centenary Volume*, p. 37.

Je peux, au pire, encore comprendre que Dieu ait créé un monde dans lequel il n'y ait pas de lois naturelles. En bref, un chaos. Mais qu'il y ait des lois statistiques avec des solutions définitives, *i. e.*, des lois qui obligent Dieu à jeter ses dés dans chaque cas individuel, je trouve cela éminemment désagréable.

À James Franck, cité par C. P. Snow, in French, *Einstein : A Centenary Volume*, p. 6.

Si j'ai appris une chose au cours de ma longue vie, c'est que toute notre science, confrontée à la réalité, est primitive et enfantine — et pourtant, c'est notre bien le plus précieux.

Cité in Hoffmann, *Albert Einstein : Creator and Rebel*, p. v.

Il découle de la théorie de la relativité que la masse et l'énergie sont deux manifestations différentes de la même chose — une conception quelque peu déroutante pour l'homme de la rue. Par ailleurs, la formule $E = mc^2$, dans laquelle l'énergie est égale à la masse multipliée par le carré de la vitesse de la lumière, a montré qu'une très petite quantité de masse peut être transformée en une très grande quantité d'énergie (...) la masse et l'énergie étant en fait équivalents.

Extrait d'un discours filmé, inclus dans le film d'archives *Einstein*, Nova Television, 1979.

La physique est essentiellement une science intuitive et concrète. Les mathématiques ne sont qu'un moyen d'exprimer les lois qui gouvernent les phénomènes.

Cité par M. Solovine dans son introduction aux *Letters to Solovine*, p. 7.

Au début (si une telle chose a existé), Dieu a créé les lois du mouvement de Newton avec les masses et les forces nécessaires. C'est tout; tout ce qui est au-delà découle du développement de méthodes mathématiques appropriées au moyen de déductions.

Cité par Schilpp, *Autobiographical Notes*, p. 17.

Plus une théorie est puissante, plus ses prémisses sont simples, plus les choses auxquelles elle se rapporte sont nombreuses, et plus son domaine d'applicabilité est étendu.

*Ibid.*, p. 33.

Une heure assis avec une jolie fille sur un banc dans un parc passe comme une minute, mais une minute assis sur un four brûlant semble durer une heure.

Explication de la relativité donnée par Einstein à sa secrétaire, Helen Dukas, à charge pour elle de la communiquer à son tour aux journalistes et autres profanes; cité in Sayen, *Einstein in America*, p. 130.

L'objectif de la science est, d'une part, d'offrir une compréhension aussi complète que possible des liens existant entre des expériences perceptibles dans leur totalité, et, d'autre part, de réaliser cet objectif en employant un nombre minimal de concepts primaires et de déductions.

Cité in Cuny, *Albert Einstein*, p. 129.

J'ai peu de patience pour les savants qui prennent une planche de bois, recherchent sa partie la plus fine, et y percent un grand nombre de trous quand percer un trou leur coûte peu d'efforts.

Rapporté par Philipp Frank in « Einstein's Philosophy of Science », *Review of Modern Physics* (1949).

Un savant est un mimosa quand il a lui-même commis une erreur, et un lion rugissant quand il découvre les erreurs des autres.

Cité in Ehlers, *Liebes Hertz!* p. 45.

# *Sur la vie*

S'il n'y a pas de prix à payer, c'est que cela ne vaut rien.

Aphorisme, 20 juin 1927; Archives Einstein 36-582.

Je crois qu'une vie simple et sans prétention est bonne pour chacun, physiquement et mentalement.

Extrait de « What I Believe », in *Forum and Century* 84 (1930), pp. 193-194 ; reproduit in *Ideas and Opinions*, pp. 8-11.

Seule une vie vécue pour les autres est une vie valable.

En réponse à une question posée par les rédacteurs de *Youth*, la revue de l'association Young Israel de Williamsburg (État de New York) ; cité dans le *New York Times*, 20 juin 1932; Archives Einstein 60-492.

Notre situation ici-bas est étrange. Nous venons sur terre pour une courte visite, ne sachant pas pourquoi, et cependant nous croyons parfois entrevoir un grand dessein.

Extrait de « My Credo », pour la Ligue allemande des droits de l'homme, 1932 ; également cité in Leach, *Living Philosophies*, p. 3.

La vie d'un individu n'a de signification que dans la mesure où elle aide à rendre la vie de chaque chose vivante plus noble et plus belle. La vie est sacrée, ce qui veut dire qu'il s'agit de la valeur suprême, à laquelle toutes les autres valeurs sont subordonnées.

Extrait de « Is There a Jewish Point of View ? » publié in *Mein Weltbild*, 1934 ; reproduit in *Ideas and Opinions*, pp. 185-187.

Quand le cours tracé à l'avance de la vie quotidienne est interrompu, nous réalisons que nous sommes comme des naufragés tentant de conserver leur équilibre sur une misérable planche en pleine mer, ayant oublié d'où ils viennent et ne sachant pas vers quoi ils dérivent.

Lettre à un couple ayant perdu accidentellement un enfant, ou un petit-enfant, 26 avril 1945 ; Archives Einstein 56-852.

Nous devons tenter de discerner ce qui, dans nos conceptions traditionnelles, est préjudiciable à notre destinée et à notre dignité — et façonner nos vies en conséquence.

Sur l'attitude des Américains à l'égard des Noirs, extrait d'une allocution prononcée à l'université de Lincoln dont il était fait docteur *honoris causa*; *New York Times*, 4 mai 1946, p. 7 ; également cité in *Out of My Later Years* au chapitre « The Negro Question », p. 128.

Dans la vie, les choses les plus précieuses ne sont pas celles que l'on obtient pour de l'argent.

Aphorisme, 1946 ; Archives Einstein 36-576.

Une vie tournée principalement vers la réalisation de désirs personnels mène toujours, tôt ou tard, à d'amères déceptions.

Lettre à L. Lee, 16 janvier 1954 ; Archives Einstein 60-235.

Chaque réminiscence prend la couleur de la réalité d'aujourd'hui — un point de vue trompeur.

Cité in Schilpp, *Albert Einstein : Philosopher-Scientist*, p. 3.

Si vous voulez vivre une vie heureuse, liez-la à un but, non à des personnes ou des choses.

Cité par Ernst Straus, in French, *Einstein : A Centenary Volume*, p. 32.

# *Sujets divers*

## *ACCOMPLISSEMENT*

La valeur d'un accomplissement réside davantage dans la quête que dans le résultat.

Octobre 1950; Archives Einstein 60-297.

## *AMBITION*

Rien de vraiment valable ne naît de l'ambition ou d'un simple sens du devoir; ce qui est valable procède plutôt de l'amour et de l'attention portée aux hommes et aux choses objectives.

Déclaration à l'intention d'un fermier de l'Idaho qui avait demandé à Einstein de lui adresser quelques mots dont son fils, Albert Wada, pourrait se souvenir en grandissant (30 juillet 1947) ; Archives Einstein 58-934 ; cité in Dukas et Hoffmann, *Albert Einstein : the Human Side*, p. 46.

## *AMOUR*

Aimer et être aimé apporte beaucoup de bonheur, beaucoup plus qu'un amour non partagé n'apporte de souffrance.

Lettre à Marie Winteler, sa première petite amie, 31 avril 1896 (il était alors âgé de 17 ans) ; *CPAE*, vol. I, doc. 18.

Là où il y a l'amour, il n'y a pas de contrainte.

À son ami l'éditeur Saxe Commins, été 1953 ; cité in Sayen, *Einstein in America*, p. 294.

Je suis désolé que vous ayez des difficultés à faire venir votre amie [de Dublin aux États-Unis]. Mais tant qu'elle se trouve là-bas, et vous ici, vous devriez pouvoir entretenir une splendide relation. Pourquoi donc voulez-vous presser les choses?

Lettre à Cornel Lanczos, 14 février 1955 ; Archives Einstein 15-328.

## *ANGLAIS*

Je ne sais pas écrire en anglais, à cause de l'orthographe traîtresse. Quand je lis de l'anglais, je me contente de l'entendre et je suis incapable de me rappeler à quoi ressemblent les mots écrits.

Lettre à Max Born, 7 septembre 1944; Archives Einstein 8-208.

Merci beaucoup pour votre aimable et intéressante information. J'adresse mes plus chaleureuses salutations à mon homonyme, ainsi que celles de notre chat, que l'histoire a beaucoup intéressé et qui est même un peu jaloux. La raison en est que son propre nom, « Tiger », n'exprime pas, comme dans votre cas, une étroite parenté avec la famille Einstein.

Lettre d'Einstein à Edward Moses, 10 août 1946, après qu'il eut appris que l'équipage du navire de son correspondant avait ramené une chatte d'Allemagne et l'avait baptisée Einstein ; Archives Einstein 57-194.

Je sais ce qui ne va pas, cher ami, mais je ne sais pas comment y remédier.

À son chat, Tiger, qui semblait déprimé parce qu'il était cloué à la maison à cause de la pluie ; rapporté par Ernst Strauss dans une conférence souvenir, « Albert Einstein : The Man », à l'université de Californie-Los Angeles, mai 1955, pp. 14-15.

Le principal est qu'il le sache, *lui*.

À propos du chien d'un ami, Moses (Moïse), dont les longs poils ne permettaient pas de distinguer la tête de la queue ; 15 janvier 1979, interview de Margot Einstein par J. Sayen, cité in Sayen, *Einstein in America*, p. 131.

Mon chien est très malin. Il est contrarié que je reçoive de telles quantités de courrier ; c'est la raison pour laquelle il essaie de mordre le postier.

À propos de son chien Chico ; cité in Ehlers, *Liebes Hertz!* p. 162.

## *ANNIVERSAIRES*

Mon cher petit amour (...) d'abord, avec retard, mes cordiales félicitations pour ton anniversaire hier, que j'ai oublié une fois de plus.

Lettre à sa compagne Mileva Maric, 19 décembre 1901; *CPAE*, vol. I, doc. 130.

De telles célébrations sont réservées aux enfants.

*New York Times*, 14 mars 1950.

## *AVORTEMENT*

Une femme devrait pouvoir choisir de se faire avorter jusqu'à un certain stade de sa grossesse.

À la World League for Sexual Reform, Berlin, 6 septembre 1929; Archives Einstein 48-304; également cité in Grüning, *Ein Haus für Albert Einstein*, p. 305.

## *BONNES ACTIONS*

Les bonnes actions sont comme les bonnes poésies. On peut facilement saisir leur sens général, mais elles ne sont pas toujours compréhensibles de manière rationnelle.

Lettre à Maurice Solovine, 9 avril 1947, Archives Einstein 21-250.

## *CHEZ SOI*

L'endroit où l'on s'établit n'est pas si important. (...) J'ai moi-même erré continuellement par monts et par vaux — j'ai été un étranger partout où j'allais. (...) L'idéal d'un homme tel que moi est d'être chez moi partout.

Lettre à Max Born, 3 mars 1920; Archives Einstein 8-146.

## *COMPÉTITION*

Je ne prends plus part au championnat des grands cerveaux. Participer [à cette compétition] m'a toujours paru constituer une sorte d'esclavage pas moins dégradant que la passion pour l'argent ou le pouvoir.

Lettre à Paul Ehrenfest, 25 mai 1927, à propos de la course effrénée aux promotions universitaires; Archives Einstein 10-163; également cité in Dukas et Hoffmann, *Albert Einstein, the Human Side*, p. 60.

## *CONSCIENCE*

Ne faites jamais rien contre votre conscience, même si l'État vous le demande.

Rapporté dans la nécrologie de la *Saturday Review*, 30 avril 1955.

## *CONTRÔLE DES NAISSANCES*

Je suis convaincu que certaines activités et pratiques politiques et sociales des organisations catholiques sont préjudiciables, voire dangereuses pour la société dans son entier, ici comme ailleurs. Je ne veux parler ici que du combat contre le contrôle des naissances, à une époque où la surpopulation est devenue une sérieuse menace pour la santé des peuples et un grave obstacle à toute tentative d'organiser la paix sur cette planète.

Lettre à un lecteur du *Brooklyn Tablet*, 1954, qui demandait à Einstein si la publication avait correctement interprété son opinion sur le sujet.

## *CRÉATIVITÉ*

La monotonie d'une vie calme stimule l'esprit créateur.

Extrait du discours « Civilization and Science », prononcé au Royal Albert Hall, Londres, 3 octobre 1933 ; cité dans le *Times*, 4 octobre 1933, p. 14.

Sans personnalités créatrices capables de penser et de juger indépendamment, le perfectionnement de la société est aussi impensable que celui de la personnalité individuelle extraite du terreau nourrissant de la communauté.

*Mein Weltbild*, 1934 ; *Ideas and Opinions*, p. 14.

À l'origine de tout art véritable, il y a, chez l'artiste créateur, une nécessité irrépressible.

15 novembre 1950, à propos du musicien Ernst Bloch ; Archives Einstein 34-332 ; également cité in Dukas et Hoffmann, *Albert Einstein, the Human Side*, p. 77.

## *CRIMINELS*

Je pense que nous devons nous protéger des hommes qui font peser une menace sur les autres, quelles que soient les motivations de leurs actes.

Lettre à Otto Juliusburger, 11 avril 1946 ; Archives Einstein 38-228.

## *CURIOSITÉ*

L'important est de ne pas cesser de nous interroger. La curiosité a sa propre raison d'être. On ne peut s'empêcher d'être empli de crainte lorsqu'on contemple le mystère de l'éternité, de la vie, de la merveilleuse structure de la réalité. Il suffit d'essayer seulement de comprendre une part de ce mystère chaque jour. Il ne faut jamais perdre sa curiosité dans ce qu'elle a de sacré.

Souvenirs inédits du journaliste William Miller, cité par *Life*, 2 mai 1955.

La curiosité est une délicate petite plante qui, en dehors d'être stimulée, a surtout besoin de liberté.

Cité in Cline, *Men Who Made a New Physics*, p. 64.

## *ÉDUCATION SEXUELLE*

En matière d'éducation sexuelle : pas de tabous.

Lettre à la World League for Sexual Reform, Berlin, 6 septembre 1929 ; Archives Einstein 48-304 ; également cité in Grüning, *Ein Haus für Albert Einstein*, p. 305.

## *ESCLAVAGE*

Pour autant que nous puissions prétendre que l'esclavage est entièrement aboli aujourd'hui, nous devons son abolition aux conséquences pratiques de la science.

Extrait de « Science and Society », 1935; cité in *Einstein on Humanism*, p. 11.

## *FEMMES*

Très peu de femmes sont créatives. Si j'avais une fille, je ne l'obligerais jamais à étudier la physique. Je suis content que ma femme ne connaisse rien aux sciences; ma première épouse, elle, s'y connaissait.

Cité par Esther Salaman, une jeune étudiante berlinoise, dans le *Listener*, 8 septembre 1968 ; également cité in Highfield et Carter, *Private Lives*, p. 158.

Comme dans tous les autres domaines, en matière de science, la voie devrait être rendue plus facile pour les femmes. Et cependant, qu'on me comprenne bien si j'envisage les résultats éventuels d'une telle politique avec une certaine dose de scepticisme. Je veux parler ici de certains obstacles inhérents au système de pensée féminin, que nous devons considérer comme donnés par la Nature, et qui nous interdit d'appliquer les mêmes critères d'exigence aux femmes qu'aux hommes.

Cité in Moszkowski, *Conversations with Einstein*, p. 79.

Quand elles sont chez elles, les femmes manifestent un grand attachement à leurs meubles (...) elles sont toujours là à s'affairer autour d'eux. Quand je suis en voyage avec une femme, je constitue la seule pièce de mobilier qu'elle ait sous la main, et elle ne peut s'empêcher de me tourner autour toute la journée et de m'« arranger ».

Cité in Frank, *Einstein : His Life and Times*, p. 126.

## *FORCE*

La force attire toujours les hommes de piètre moralité, et je pense que les tyrans de génie ont toujours eu pour successeurs des gredins : c'est là une règle invariable.

Extrait de « What I Believe », *Forum and Century* 84 (1930), pp. 193-194 ; reproduit in *Ideas and Opinions*, pp. 8-11.

## *HOMOSEXUALITÉ*

L'homosexualité ne devrait pas être punie, sauf lorsqu'il s'agit de protéger les enfants.

Lettre à la World League for Sexual Reform, Berlin, 6 septembre 1929 ; Archives Einstein 48-304 ; également cité in Grüning, *Ein Haus für Albert Einstein*, pp. 305-306.

## *INDIVIDUS / INDIVIDUALITÉ*

La seule chose valable dans le grand spectacle de la vie humaine n'est pas, à mon sens, l'état politique, mais l'individu créateur, sensible, la personnalité ; à lui seul, l'individu crée ce qui est noble et sublime, alors que le troupeau en tant que tel reste borné dans ses pensées et borné dans ses sentiments.

Extrait de « What I Believe », *Forum and Century* 84 (1930), pp. 193-194 ; reproduit in *Ideas and Opinions*, pp. 8-11.

Une société humaine peut faire œuvre valable seulement lorsque ses structures sont suffisamment lâches pour rendre possible le développement libre des capacités de l'individu.

Extrait d'un article inédit sur la tolérance, 1934 ; Archives Einstein 49-094.

Une personne foncièrement libre (...) peut être brisée, mais elle ne pourra jamais être asservie ou utilisée comme un instrument aveugle.

Déclaration à *Impact*, UNESCO, 1950.

Il est important pour le bien commun d'encourager l'individualité : car seul l'individu peut produire les nouvelles idées nécessaires à la société pour son perfectionnement continuel et ses besoins — en un mot, pour éviter la stérilité et la sclérose.

Extrait d'un message pour un dîner de Ben Schemen, mars 1952 ; Archives Einstein 28-932.

## *INTELLIGENCE*

J'enrage de voir une aussi belle intelligence couplée avec un caractère ayant si peu de saveur.

Lettre à Jakob Laub, 19 mai 1909 ; *CPAE*, vol. V, doc. 161.

## *INTELLIGIBILITÉ*

L'éternel mystère du monde est son intelligibilité. (...) Le fait qu'il soit intelligible est un miracle.

Extrait de « Physics and Reality », *Franklin Institute Journal* 221, n° 3 (mars 1936), pp. 349-382 ; reproduit in *Ideas and Opinions*, p. 292 (plus connu sous la forme : « La chose la plus incompréhensible à propos de l'univers est qu'il soit compréhensible »).

## *INTUITION*

Toutes les grandes réalisations de la science partent d'une connaissance intuitive, formulée sous la forme d'axiomes, à partir desquels des déductions sont ensuite faites. (...) L'intuition est la condition nécessaire pour la découverte de tels axiomes.

Cité in Moszkowski, *Conversations with Einstein*, p. 180.

## *JEUNESSE*

Ô, Jeunes : savez-vous que votre génération n'est pas la première à aspirer à une vie pleine de beauté et de vérité ? Savez-vous que tous vos ancêtres ont éprouvé la même chose que vous — et ont dû affronter l'inquiétude et la haine ? Savez-vous aussi que vos fervents désirs ne peuvent se réaliser que si vous réussissez à aimer et comprendre les hommes, les animaux, les plantes, les étoiles, afin que chaque joie devienne votre joie, et chaque souffrance, votre souffrance ?

Écrit dans l'album d'autographes d'un voisin à Caputh, en Allemagne, en 1932.

## *JEUX*

Je ne joue jamais à des jeux. (...) Je n'ai pas de temps pour cela. Quand j'ai terminé de travailler, je n'aspire à aucune occupation requérant le fonctionnement du cerveau.

*New York Times*, 28 mars 1936.

## *LIVRES*

Ce que j'ai à dire à propos de ce livre se trouve à l'intérieur du livre.

Réponse à un journaliste du *New York Times*, qui lui demandait de commenter son livre *The Evolution of Physics*, écrit en collaboration avec Leopold Infeld ; cité par Ehlers, *Liebes Hertz !* p. 65.

## *MARIAGE*

Mes parents (...) pensent qu'une épouse est pour un homme un luxe, qu'il ne peut assumer que lorsqu'il gagne confortablement sa vie. J'ai une piètre opinion de cette conception de la relation entre un homme et une femme mariés, car elle n'établit de différence entre l'épouse et la prostituée que dans la mesure où la première est capable d'obtenir un engagement pour toute la durée de la vie de la part de l'homme grâce à son rang social.

Lettre à Mileva Maric, 6 août 1900 ; *Love Letters*, p. 23 ; *CPAE*, vol. I, doc. 70.

Pourquoi devrait-on refuser l'accès au territoire américain à un homme qui ose s'opposer à toutes les guerres hormis celle, inévitable, qui l'oppose à sa propre femme ?

Déclaration (sur le ton de la plaisanterie) à un journaliste d'Associated Press en 1932, après avoir appris que certaines associations de femmes étaient hostiles à sa venue aux États-Unis, de crainte qu'il ne contribue à répandre des doctrines subversives telles que le pacifisme ; cité in Frank, *Einstein, His Life and Times*, p. 126.

Le mariage est la tentative infructueuse de faire durer quelque chose qui n'est au départ qu'un accident.

Cité par Otto Hahn, 10 avril 1982, dans une interview recueillie par J. Sayen pour *Einstein in America*, p. 80.

Tous les mariages sont dangereux.

*Ibid.*, p. 70.

Le mariage n'est qu'un esclavage travesti sous des oripeaux civilisés.

Cité in Grüning, *Ein Haus für Albert Einstein*, p. 159.

Le mariage conduit les gens à se traiter les uns les autres comme des propriétés personnelles, et non plus comme des êtres humains.

*Ibid.*

## *MATÉRIALISME*

Les êtres humains ne peuvent mener une vie harmonieuse et digne d'être vécue que s'ils se débarrassent, à l'intérieur des limites de la nature humaine, de leurs aspirations d'ordre matériel. L'objectif [que l'on doit rechercher] est d'élever les valeurs spirituelles de la société.

À Princeton, lors d'une réunion préparatoire des Amis américains de l'Université hébraïque ; cité par le *New York Times*, 20 septembre 1954.

## *MENSONGES*

Celui qui n'a jamais été trompé par un mensonge ne sait pas ce que signifie la félicité.

Lettre à Elsa Löwenthal, 30 avril 1912 ; *CPAE*, vol. V, doc. 389.

## *MIRACLES*

Je reconnais que les pensées peuvent exercer une influence sur le corps.

Archives Einstein 55-285.

## *MORALE*

On doit fuir les entreprises douteuses, même lorsqu'elles portent un nom qui en impose.

Lettre à Maurice Solovine, printemps 1923, à propos de

sa récente démission d'une commission de la Société des Nations ; Archives Einstein 21-189.

La morale est de la plus haute importance — mais seulement pour nous, pas pour Dieu.

Lettre à un banquier du Colorado, août 1927 ; cité in Dukas et Hoffmann, *Albert Einstein, the Human Side*, p. 66.

Le contenu d'une théorie scientifique en soi n'offre aucun fondement moral pour la conduite personnelle d'une vie.

*Forum* 83 (1930), p. 373.

Il n'y a rien de divin dans la morale ; c'est une affaire purement humaine.

*Mein Weltbild*, 1934 ; reproduit in *Ideas and Opinions*, p. 40.

L'humanité a toutes les raisons de placer ceux qui ont révélé les valeurs et les critères moraux supérieurs au-dessus de ceux qui ont découvert des vérités objectives. Ce que l'humanité doit à des personnalités telles que Bouddha, Moïse et Jésus occupe pour moi un rang supérieur à toutes les réalisations de l'esprit raisonneur et analytique.

Déclaration datée de septembre 1937 ; cité in Dukas et Hoffmann, *Albert Einstein, the Human Side*, p. 70.

La morale n'est pas un système figé et rigide. (…) Il s'agit d'une tâche jamais achevée, quelque chose qui est toujours présent pour guider notre jugement et inspirer notre conduite.

Extrait d'une allocution prononcée lors d'une remise de diplômes au Swarthmore College (Pennsylvanie), le 6 juin 1938 ; cité par le *New York Times*, 7 juin 1938.

La plus importante tâche humaine est l'aspiration à introduire la morale dans nos actes. Notre équilibre intérieur, voire notre existence même, en dépendent. Seule la morale qui guide nos actes peut conférer beauté et dignité à la vie.

Lettre à un ministre du culte de Brooklyn, 20 novembre 1950 ; Archives Einstein 28-894, 59-871 ; cité in Dukas et Hoffmann, *Albert Einstein, the Human Side*, p. 95.

## *MUSIQUE*

La musique n'exerce pas d'*influence* sur le travail de recherche, mais tous deux sont nourris par la même sorte d'aspiration, et ils se complètent l'un l'autre par la libération qu'ils offrent.

Lettre à Paul Plaut, 23 octobre 1928 ; Archives Einstein 28-065 ; cité in Dukas et Hoffmann, *Albert Einstein, the Human Side*, p. 78.

Mozart a écrit ici une ânerie !

Alors qu'il se débattait avec une partition de Mozart ; cité par Margot Einstein lors d'une interview recueillie par J. Sayen pour *Einstein in America*, p. 139.

D'abord j'improvise, et si ça ne donne pas de résultat, alors je cherche la consolation chez Mozart ; mais quand j'improvise et qu'il semble en sortir quelque chose, j'ai recours aux constructions limpides de Bach pour aller jusqu'à la conclusion.

Pour expliquer comment il se délasse après le travail en jouant de son violon, « Lina », dans la cuisine de son appartement de Berlin, dont l'acoustique était excellente ; cité in Ehlers, *Liebes Hertz !* p. 132.

## *NOIRS / RACISME*

Ce pays a encore une lourde dette à régler pour tous les tourments et les servitudes dont il a accablé le Noir. (...) Au Noir et à ses merveilleux chœurs et chants, nous devons la plus belle contribution dans le domaine des arts que l'Amérique ait donnée au monde.

Lors de l'inauguration du Wall of Fame lors de l'Exposition universelle de 1940.

[Les préjugés contre les Noirs] constituent la pire maladie dont souffre notre société.

Cité dans le *New York Times*, 25 septembre 1946.

Prévenir les lynchages constitue l'une des tâches les plus urgentes de notre génération.

Au Président Harry Truman, cité dans le *New York Times*, 23 septembre 1946.

## *PEINE DE MORT*

J'ai acquis la conviction que l'abolition de la peine de mort est souhaitable. Pour deux raisons : (1) l'irréparabilité du châtiment en cas d'erreur judiciaire ; (2) l'influence morale préjudiciable pour ceux (...) qui doivent mettre en œuvre la procédure.

Lettre à un éditeur berlinois, 3 novembre 1927 ; Archives Einstein 46-009. Sept mois plus tôt, cependant, selon le *New York Times* : « Le Professeur Einstein n'est pas favorable à l'abolition de la peine de mort. (...) Il ne voit pas pourquoi la société ne pourrait pas se débarrasser des individus qui se sont révélés socialement nuisibles. Il a ajouté que la société n'a pas plus le droit de condamner une personne à la prison à vie que de la condamner à mort » (cf. *New York Times*, 6 mars 1927 ; cité également in Pais, *Einstein Lived Here*, p. 174).

Je ne suis pas partisan du châtiment pour le châtiment, mais seulement de mesures susceptibles de sauver la société, et d'assurer sa protection. Sur le principe, je ne serais pas opposé à la suppression d'individus sans valeur, ou dangereux pour les autres. Je suis hostile à cette pratique uniquement parce que je ne fais pas confiance aux gens, *i. e.* aux tribunaux. Ce que je prise dans la vie est la qualité plutôt que la quantité.

Lettre à Valentin Bulgakov, 4 novembre 1931 ; Archives Einstein 45-702.

## *PENSÉE*

Les mots ou le langage, tels qu'ils sont écrits ou parlés, ne semblent jouer aucun rôle dans mon mécanisme de pensée.

1945 ; extrait de l'Appendice à Hadamard, *An Essay on the Psychology of Invention in the Mathematical Field.*

Che fais y benser un bedit beu.

(« *I vill a little t'ink.* ») Formule utilisée par Einstein, selon Banesh Hoffmann, lorsqu'il voulait s'accorder davantage de temps pour réfléchir à quelque chose ; cité in French, *Einstein, A Centenary Volume*, p. 153.

Il ne fait pour moi aucun doute que notre pensée suit son cours pour l'essentiel sans l'usage de signes (les mots), et au-delà de cela, dans une très large mesure, de manière inconsciente. Car comment, autrement, se trouverait-il que parfois nous nous « interrogions » tout à fait spontanément à propos de telle ou telle expérience ? Cette « interrogation » semble survenir lorsqu'une expérience entre en conflit avec un univers de concepts qui est déjà suffisamment fixé à l'intérieur de nous-mêmes.

Cité in Schilpp, *Autobiographical Notes*, pp. 7-9.

## *PRESSE*

La presse, qui est dans l'ensemble contrôlée par des groupes d'intérêts, exerce une influence trop importante sur l'opinion publique.

Extrait d'une interview pour le *Nieuwe Rotterdamsche Courant*, 1921 ; également cité par le *Berliner Tageblatt*, 7 juillet 1921 ; reproduit in *Ideas and Opinions*, pp. 3-7.

## *PROHIBITION*

Rien n'est plus préjudiciable au respect que l'on doit au gouvernement et à la loi du pays que de voter des lois qui ne peuvent être appliquées. C'est un secret pour personne que l'inquiétante augmentation du crime dans ce pays est étroitement liée à cet état de fait.

*Ibid.*

Comme je ne bois pas, ça m'est égal.

Déclaration à propos de la prohibition, peut-être sur le ton de la plaisanterie, lors d'une conférence de presse donnée à son arrivée à New York en 1930 ; diffusée dans les documentaires *Einstein Biography* d'A&E Television, VPI International, 1991, et *Einstein* produit par Nova Television, 1979.

## *PSYCHANALYSE*

Je préférerais de beaucoup rester dans l'ignorance et ne pas suivre d'analyse.

1927 ; cité in Dukas et Hoffmann, *Albert Einstein, the Human Side*, p. 35.

## *RÉUSSITE*

N'essayez pas de devenir un homme à succès, tentez plutôt de devenir un homme de valeur.

Cité dans *Life*, 2 mai 1955.

## *RICHESSE*

Les fins triviales des entreprises humaines — les biens matériels, les succès superficiels, le luxe — m'ont toujours paru méprisables.

Extrait de « What I Believe », in *Forum and Century* 84 (1930), p. 193 ; reproduit in *Ideas and Opinions*, p. 8.

Je suis absolument convaincu qu'aucune richesse au monde ne peut aider l'humanité à aller de l'avant, même entre les mains de l'ouvrier le plus dévoué à cette cause. L'exemple de personnages grands et purs est la seule chose qui puisse nous conduire vers de belles idées et de nobles actions. L'argent ne fait appel qu'à l'égoïsme et incite toujours irrésistiblement son propriétaire à en abuser. Imagine-t-on Moïse, Jésus, ou Gandhi avec les lingots d'or de Carnegie ?

*Mein Weltbild*, 1934 ; reproduit in *Ideas and Opinions*, pp. 12-13.

Les économistes vont devoir réviser leurs théories de la valeur.

Einstein, venant d'apprendre que deux de ses manuscrits avaient atteint 11,5 millions de dollars dans une vente aux enchères au profit de l'effort de guerre ; rapporté par Julian Boyd à Dorothy Pratt le 11 février 1944 (Archives de l'université de Princeton) ; cité par Sayen, *Einstein in America*, p. 150.

Tout ce dont j'ai besoin dans ma salle à manger : une table en pin, un banc, et quelques chaises.

Rapporté par Maja Einstein ; Dukas et Hoffmann, *Albert Einstein, the Human Side*, p. 14.

## *SAGESSE*

La sagesse n'est pas le fruit d'un apprentissage, mais le résultat des efforts de toute une vie pour l'atteindre.

Lettre à un admirateur, 22 mars 1954; cité in Dukas et Hoffmann, *Albert Einstein, the Human Side*, p. 44.

## *SCULPTURE*

La capacité de représenter quelqu'un à partir de ses mouvements, ou en mouvement, requiert le plus haut degré d'intuition et de talent.

Cité in Grüning, *Ein Haus für Albert Einstein*, p. 240.

## *SOUCOUPES VOLANTES*

Ces gens ont vu *quelque chose*. Ce qu'est ce quelque chose, je ne le sais pas, et je ne veux pas le savoir.

Lettre à L. Gardner, 23 juillet 1952; Archives Einstein 59-803. (Einstein pensait également que les gens ne devraient pas lire de science-fiction, celle-ci donnant une image déformée de la science, et conférant aux gens l'*illusion* de la comprendre; voir aussi sa lettre à un jeune garçon du Iowa, Archives Einstein, 59ᵉ bobine.)

## *TABAC*

Fumer la pipe aide à porter un jugement plutôt serein et objectif sur les affaires humaines.

Sur le point d'accepter de faire partie du Club des fumeurs de pipe de Montréal ; cité dans le *New York Times*, 12 mars 1950 (on raconte qu'Einstein aimait tant sa pipe qu'il l'a gardée à ses lèvres même après être tombé dans l'eau lors d'un accident de bateau ; voir Ehlers, *Liebes Hertz!* p. 149).

## *TENUE VESTIMENTAIRE*

Si je devais commencer à faire attention à ma façon de m'habiller, je ne serais plus moi-même. (...) Assez de ces histoires. Si tu me trouves si repoussant, alors cherche-toi un ami qui soit plus attrayant aux yeux des femmes. Mais je continuerai à me sentir non concerné par tout cela, ce qui présente au moins un avantage : tous ces petits messieurs qui, autrement, me rendraient visite, me fichent la paix.

Lettre à sa future deuxième épouse, Elsa Löwenthal, 3 (?) décembre 1913 ; *CPAE*, vol. V, doc. 489.

Je n'aime ni la nouvelle mode, ni les nouvelles habitudes alimentaires.

1920 ; rapporté par E. Salaman, *Encounter*, 1979 ; cité in Pais, *Subtle Is The Lord*, p. 16.

Ce serait triste si l'emballage était plus beau que la viande qui est emballée dedans.

Rapporté par le *New York Times*, 19 avril 1955 ; à propos

du mépris bien connu d'Einstein pour son apparence extérieure.

« À quoi bon ? Tout le monde me connaît » (un homme à qui sa femme demande de bien s'habiller en partant au bureau). « À quoi bon ? Personne ne me connaît » (un homme à qui sa femme demande de bien s'habiller pour sa première grande conférence).

Cité in Ehlers, *Liebes Hertz !* p. 87.

J'ai atteint un âge où, si quelqu'un me demande de mettre des chaussettes, je peux l'envoyer promener.

Cité par son voisin, le physicien Allan Shenstone, in Sayen, *Einstein in America*, p. 69.

Quand j'étais jeune, j'ai découvert que le gros orteil finit toujours par faire un trou dans la chaussette. C'est la raison pour laquelle j'ai arrêté de mettre des chaussettes.

À Philippe Halsman, cité in French, *Einstein : A Centenary Volume*, p. 27.

## *TOLÉRANCE*

Le type le plus important de tolérance est la tolérance que manifestent la société et l'État à l'égard de l'individu. (...) Quand l'État devient la chose principale, et l'individu, un instrument sans volonté, alors toutes les valeurs les plus précieuses sont perdues.

Extrait d'un article inédit sur la tolérance, 1934 ; Archives Einstein 49-094.

## *TRAVAIL*

Le travail est la seule chose qui donne substance à la vie.

Lettre à son fils Hans Albert, 4 janvier 1937 ; Archives Einstein 75-926.

Les raisons qui poussent quelqu'un à prendre son travail si diablement au sérieux sont pour moi une énigme. Pour qui ? Pour soi-même ? On part tôt ou tard, après tout. Pour ses compagnons ? Pour la postérité ? *Non.* Ça reste une énigme.

Lettre à Joseph Scharl, un ami artiste, 27 décembre 1949 ; Archives Einstein 34-207.

Je suis également convaincu qu'on ne retire la joie la plus pure des choses de l'esprit que lorsqu'elles ne sont pas liées à son gagne-pain.

Lettre à L. Manners, 19 mars 1954 ; Archives Einstein 60-401.

## *VÉGÉTARISME*

J'ai toujours mangé de la chair animale avec une certaine culpabilité.

Août 1953 ; Archives Einstein 60-058.

Quand vous achetez une parcelle de terre pour y planter vos choux et vos pommiers, vous devez d'abord la drainer — ce qui tuera toute vie aquatique. Par la suite, il vous faudra tuer toutes les chenilles, etc., qui autrement mangeraient vos plantes. Si vous voulez éviter tout ce massacre pour des raisons morales, vous devrez au bout du compte vous tuer vous-mêmes, tout cela au nom de la nécessité de laisser en vie ces créatures qui n'ont aucune notion des principes moraux.

Cité in *Vegetarisches Universum*, décembre 1957.

## *VÉRITÉ*

La recherche de la vérité et de la connaissance est l'une des plus grandes qualités de l'homme — bien que ceux qui aspirent le moins à la trouver soient souvent ceux qui se targuent le plus bruyamment de la découvrir.

Extrait de « The Goal of Human Existence », allocution radiodiffusée à l'occasion de l'Appel des Juifs unis (United Jewish Appeal), le 11 avril 1943 ; Archives Einstein 28-587.

Il est difficile de dire ce qu'est la vérité, mais parfois si facile de reconnaître un mensonge.

Lettre à Jeremiah McGuire, 24 octobre 1953 ; Archives Einstein 60-483.

Celui qui néglige la vérité sur des questions anodines ne peut être fiable dans les affaires importantes.

Cité in Nathan et Norden, *Einstein on Peace*, p. 640.

Une part d'éternité, après tout, restera toujours hors de portée de la destinée et des fausses croyances humaines. Et de telles valeurs éternelles sont davantage comprises d'un vieillard que d'un jeune, qui oscille entre la peur et l'espoir.

Lettre à la reine Élisabeth de Belgique, 20 mars 1936 ; Archives Einstein 32-387 ; cité in *Einstein : A Portrait*, p. 54.

Des gens comme vous et moi — mortels, bien sûr, comme n'importe qui d'autre — ne vieillissent pas, quelle que soit la durée de notre vie. Je veux dire par là que nous ne cessons jamais de nous tenir comme des enfants curieux devant le grand Mystère dans lequel nous sommes nés.

Lettre à Otto Juliusburger, 29 septembre 1942 ; Archives Einstein 38-238.

Je suis satisfait de ma vie ces dernières années. J'ai gardé ma bonne humeur et je ne prends ni moi-même ni les autres au sérieux.

Lettre à P. Moos, 30 mars 1950 ; Archives Einstein 60-587.

J'ai toujours aimé la solitude, un trait de caractère qui tend à se renforcer avec l'âge.

Lettre à E. Marangoni, 1er octobre 1952 ; Archives Einstein 60-406.

Si des jeunes ne prenaient pas soin de moi, j'essayerais sûrement d'entrer dans une maison de retraite, afin de ne pas avoir à me préoccuper du déclin de mes forces physiques et mentales, ce qui après tout est inéluctable dans le cours naturel des choses.

Lettre à W. Lebach, 12 mai 1953 ; Archives Einstein 60-221.

Dans la jeunesse d'un homme, chaque personne et chaque événement semblent uniques. Avec l'âge, on devient de plus en plus conscient que des événements semblables se reproduisent. Avec le temps, on est moins souvent émerveillé ou surpris, mais aussi, moins déçu que dans les premières années.

Lettre à la reine Élisabeth de Belgique, 3 janvier 1954 ; Archives Einstein 32-408.

Je crois que les vieilles personnes, qui n'ont pratiquement rien à perdre, devraient volontiers s'exprimer au nom de ceux qui sont plus jeunes et tenus à une beaucoup plus grande réserve.

Lettre à la reine Élisabeth de Belgique, 3 janvier 1954 ; Archives Einstein 32-411.

Chaque âge a ses beaux moments.

À Margot Einstein, cité in Sayen, *Einstein in America*, p. 298.

Je vis dans cette solitude qui est pénible dans la jeunesse, mais délicieuse dans les années de maturité.

Cité in *Out of My Later Years*, p. 13.

## *VIOLENCE*

La violence a peut-être permis parfois d'éliminer rapidement des résistances, mais elle ne s'est jamais montrée créatrice.

Extrait de « Was Europe a Success? » ; cité in *Einstein on Humanism*, p. 49.

## *VOILE*

Le sport qui exige le moins d'énergie.

Cité par A. P. French, in French, *Einstein, A Centenary Volume*, p. 61.

# *Attribué à Einstein*

Un estomac vide n'est pas un bon conseiller politique.

J'ai survécu à deux guerres, deux femmes, et Hitler.

Je ne sais pas comment la Troisième Guerre mondiale sera menée, mais je sais comment le sera la Quatrième : avec des bâtons et des pierres.

Dans tout conflit entre l'humanité et la technologie, l'humanité l'emportera.

Peu de gens sont capables d'exprimer avec sérénité des opinions qui divergent des préjugés de leur environnement social.

L'imagination est plus importante que la connaissance. La connaissance est limitée; l'imagination embrasse le monde.

Rien ne profitera davantage à la santé humaine et

n'augmentera les chances de survie de la vie sur Terre que le développement d'un régime alimentaire végétarien.

La découverte de la réaction en chaîne nucléaire n'entraînera pas plus la destruction de l'humanité que la découverte des allumettes.

Il est plus facile de dénaturer le plutonium que de dénaturer l'esprit du mal chez l'homme.

Le processus de la découverte scientifique équivaut, dans les faits, à repousser sans cesse les limites de l'émerveillement.

Tout ce qui est vraiment grand et exemplaire est créé par l'individu pouvant œuvrer dans la liberté.

La perfection des moyens et la confusion des fins semblent caractériser notre époque.

Il serait possible de tout décrire scientifiquement, mais cela n'aurait aucun sens. Ce serait une description sans signification — comme si on décrivait une symphonie de Beethoven comme des variations de pression ondulatoire.

Aucune somme d'expérimentations ne pourra jamais me prouver que j'ai raison ; une seule expérience me prouvera que je me trompe.

En matière de science, les travaux d'un individu ont tellement partie liée avec ceux de ses prédécesseurs et contemporains qu'ils apparaissent presque comme un produit impersonnel de sa génération.

Le souci de parvenir à la vérité doit primer sur toutes les autres considérations.

Quand il rampe sur la surface d'un globe, le scarabée aveugle ne se rend pas compte que le chemin qu'il a suivi est courbe. J'ai eu pour ma part la chance de le remarquer.

Le droit international n'existe que dans les manuels de droit international.

# *Ce que d'autres ont dit d'Einstein*

Dis-moi ce qu'il faut faire s'il dit oui. Je dois lui proposer la charge parce qu'il est impossible de ne pas le faire. Mais s'il accepte, nous nous exposons à des ennuis.

Ben Gourion à Yitzak Navon, après qu'Abba Eban eut été chargé de proposer la présidence d'Israël à Einstein en novembre 1952 ; cité in Holton et Elkana, *Albert Einstein : Historical and Cultural Perspectives*, p. 295.

Quand il trouvait quelque chose drôle, ses yeux pétillaient malicieusement et il riait de tout son être. (...) On pouvait alors s'attendre à un trait d'humour de sa part.

Algernon Black, 1940 ; Archives Einstein 54-834.

Grâce à l'œuvre d'Albert Einstein, l'horizon de l'humanité s'est considérablement élargi, au moment même où l'image que nous nous faisons du monde a acquis une unité et une harmonie auxquelles nous n'aurions jamais rêvé auparavant. L'obtention d'un tel résultat a été préparé par les générations précédentes de la communauté mondiale des savants, et ses conséquences ne se révéleront pleinement qu'aux générations à venir.

Niels Bohr, *New York Times*, 19 avril 1955.

Einstein serait l'un des plus grands théoriciens de la physique de tous les temps même s'il n'avait pas écrit une seule ligne sur la relativité.

Max Born, cité in Hoffmann, *Albert Einstein : Creator and Rebel*, p. 7.

Il prenait toujours sa célébrité avec humour et riait de lui-même.

Thomas Bucky, un ami de la famille Einstein, interrogé dans le cadre du documentaire *Einstein Biography* d'A&E Television, VPI International, 1991.

Le contraste entre sa manière de parler très douce et son rire sonore était énorme. (...) Chaque fois qu'il formulait une remarque dont il était fier, ou entendait quelque chose qui lui plaisait, il éclatait d'un rire fracassant qui résonnait d'un mur à l'autre. (...) On m'avait prévenu (...) sur son apparence physique (...) mais je n'étais absolument pas préparé à son rire rugissant, tonitruant, amical et contagieux.

I. Bernard Cohen, interview recueillie par G. J. Whitrow (*Einstein*, p. 83).

J'étais capable d'apprécier la clarté de son esprit, l'ampleur de sa documentation, et la profondeur de son savoir. (...) On avait tout lieu de fonder les plus grands espoirs sur lui et de voir en lui l'un des plus grands théoriciens de l'avenir.

Marie Curie, 1911, cité in Hoffmann, *Albert Einstein : Creator and Rebel*, pp. 98-99.

Einstein était enclin à parler de Dieu si souvent que j'en suis venu à me demander s'il n'était pas un théologien en chambre.

Friedrich Dürrenmatt in *Albert Einstein : Ein Vortrag*, p. 12.

Le professeur ne portait jamais de chaussettes. Même lorsqu'il a été invité par Mrs Roosevelt à la Maison Blanche, il ne portait pas de chaussettes.

Helen Dukas, rapporté par Philippe Halsman in French, *Einstein : A Centenary Volume*, p. 27.

Être la femme d'un génie n'est pas une situation idéale. Votre vie ne vous appartient pas. Elle semble appartenir à tout le monde. Je consacre presque chaque minute de la journée à mon mari — ce qui veut dire, au public.

Elsa Einstein, cité dans le *New York Times*, 22 décembre 1936, deux jours après son décès.

Probablement le seul projet qu'il ait jamais abandonné fut *moi*. Il a essayé de me conseiller, mais il s'est vite aperçu que j'étais trop borné et qu'il perdait son temps.

Hans Albert Einstein, *New York Times*, 27 juillet 1973 ; cité in Pais, *Einstein Lived Here*, p. 199.

Il adorait la nature. Il n'aimait pas spécialement les grandes montagnes imposantes, préférant les paysages peu accidentés et riants, qui rendent l'esprit léger.

Hans Albert Einstein, interview avec Bernard Mayer, cité in Whitrow, *Einstein*, p. 21.

Il m'a souvent dit que l'une des choses les plus importantes de sa vie était la musique. Chaque fois qu'il sentait qu'il était dans une impasse ou qu'il rencontrait une difficulté dans ses travaux, il trouvait refuge dans la musique, et toutes ses difficultés s'en trouvaient généralement résolues.

*Ibid.*

Quand on était avec lui sur le voilier, on avait l'impression qu'il faisait partie des éléments. Il y avait chez lui quelque chose de si naturel et de si fort, parce qu'il faisait lui-même partie de la nature. (...) Il naviguait comme Ulysse.

Margot Einstein, 4 mai 1978, interviewée par J. Sayen (*Einstein in America*, p. 132).

Aucun autre homme n'a autant contribué à l'extraordinaire expansion du savoir au vingtième siècle.

Déclaration du Président Dwight D. Eisenhower à la mort d'Einstein, *New York Times*, 19 avril 1955.

La conversation d'Einstein était souvent un tel mélange de plaisanteries inoffensives et de dérision féroce que certains de ses interlocuteurs ne parvenaient pas à savoir s'ils devaient rire ou se sentir blessés. (...) Une telle attitude apparaissait souvent comme un esprit critique incisif, et donnait parfois une impression de cynisme.

Philipp Frank, in Frank, *Einstein : His Life and Times*, p. 77.

Lui, qui avait toujours eu quelque chose de bohémien dans sa façon de vivre, commença à vivre comme quelqu'un de la classe moyenne (...) dans un intérieur typique des familles aisées berlinoises. (...) Quand on entrait (...) on avait l'impression qu'Einstein restait un « étranger » dans un tel environnement — un invité bohémien dans une maison bourgeoise.

*Ibid.*, p. 124.

Bien sûr, le vieil homme est d'accord sur à peu près tout aujourd'hui.

Remarque de l'astronome George Gamow, écrite au bas d'une lettre d'Einstein datée du 4 août 1948, dans laquelle le grand savant lui faisait savoir que l'une de ses idées était probablement juste ; in Reines, *Cosmology, Fusion and Other Matters*, p. 310.

Un homme qui se distingue par son désir de s'effacer, dans la mesure du possible, mais qui a été happé par la force irrépressible du génie, qui ne laisse aucun repos à l'individualité de celui dont elle prend possession.

Lord Haldane, *Times*, 14 juin 1921.

Nous saluons le nouveau Colomb de la science voyageant seul à travers les étranges océans du savoir.

Déclaration du président de l'université de Princeton, M. Hibben, à l'occasion de la remise à Einstein d'un doctorat *honoris causa*, 9 mai 1921 ; cité in Frank, *Einstein : His Life and Times*, p. 183.

L'essence de la profondeur d'Einstein tenait dans sa simplicité ; et l'essence de sa démarche scientifique tenait dans son sens artistique — son sens prodigieux de la beauté.

Banesh Hoffmann, *Albert Einstein : Creator and Rebel*, p. 3.

Einstein, avec son humilité, sa crainte mêlée de respect, son émerveillement, son sentiment de ne faire qu'un avec l'univers, appartient à la famille des grands mystiques religieux.

*Ibid.*, p. 94.

Quand il devenait clair [que nous ne pourrions pas résoudre un problème], Einstein se levait lentement et disait, dans son anglais cocasse : « *I vill a little t'ink.* » En disant cela, il accélérait le pas, ou ralentissait, ou tournait en rond sur lui-même, sans cesser d'entortiller une mèche de ses longs cheveux grisonnants autour de son doigt.

Banesh Hoffmann, souvenir rapporté par Whitrow, *Einstein*, p. 7.

Le « *Great Relative* ».

Le « Grand Parent ». Nom donné à Einstein par les Indiens Hopi à l'occasion de son voyage aux États-Unis en 1921 ; voir le documentaire *Einstein Biography* diffusé par A&E Television, VPI International, en 1991.

Einstein a accordé à sa femme les plus grands soins et la plus grande sympathie, mais dans cette atmosphère

1. Expression difficilement traduisible. Voir *supra*, « Sujets divers », Pensée, p. 187.

où l'on sentait la fin proche, Einstein est resté serein et n'a jamais cessé de travailler.

Comment, selon Leopold Infeld, Einstein a vécu les derniers jours de sa femme, qui souffrait d'une grave maladie du cœur et des reins (*The Quest*, p. 282).

La grandeur d'Einstein tient dans son extraordinaire imagination, et dans l'incroyable obstination avec laquelle il cherchait à résoudre ses problèmes.

*Ibid.*, p. 208.

Si Einstein entrait chez vous pendant que vous donniez une soirée et qu'il vous était présenté sous le nom d'un certain « Mr Eisenstein » dont vous ignoriez tout, vous seriez malgré tout fasciné par l'éclat de ses yeux, par sa timidité et sa gentillesse, par son délicieux sens de l'humour, par le fait qu'il pouvait transformer des platitudes en remarques pleines de sagesse. (...) Vous sentez tout de suite que vous avez devant vous un homme à l'esprit libre. (...) Il croit ce que vous lui dîtes parce qu'il est aimable, parce qu'il veut être aimable, et parce qu'il est beaucoup plus facile de croire que de ne pas croire.

Leopold Infeld, *Albert Einstein*, p. 128.

Malgré son intelligence phénoménale, il reste un être humain naïf et en même temps spontané.

Erich Kahler, 1954; Archives Einstein 38-279.

On caractérisera le mieux et avec le plus de justesse la physique juive en rappelant les activités de celui qui est probablement son plus illustre représentant, le savant cent pour cent juif Albert Einstein. Sa théorie de la relativité était censée révolutionner la physique, mais lorsqu'elle a été confrontée à la réalité, elle n'a pas tenu un instant. Par contraste avec l'intraitable et ardente aspiration à la vérité du savant aryen, la compréhension de la vérité fait défaut au Juif de manière frappante.

Le physicien allemand et prix Nobel Philip Lenard dans son livre *German Physics*.

Celui qui conseillerait aux Américains de garder secrètes les informations dont ils disposeraient au sujet d'espions et de saboteurs serait lui-même un ennemi de l'Amérique.

Le sénateur Joseph McCarthy, à propos des déclarations d'Einstein exhortant ses concitoyens à refuser de témoigner devant la Commission pour les activités antiaméricaines (House Un-American Activities Committee), *New York Times*, 14 juin 1953.

Pour les services exceptionnels qu'il a rendus à la physique fondamentale, et en particulier, pour sa découverte de la loi de l'effet photo-électrique.

Comité du prix Nobel, citation officielle pour le prix Nobel de physique, 1921.

Il a une façon calme de marcher, comme s'il avait peur d'effrayer la vérité et de la faire fuir.

Remarque formulée par le caricaturiste japonais Ippei Okamoto lors du voyage d'Einstein au Japon en novembre 1922 ; voir le dossier « Visite d'Einstein au Japon, 1922 », Archives Einstein 36-409 à 36-516.

Il était presque entièrement dépourvu de sophistication et totalement détaché des mondanités. (…) Il y a toujours eu chez lui une merveilleuse pureté, à la fois enfantine et profondément butée.

Robert Oppenheimer, « On Albert Einstein », *New York Review of Books*, 17 mars 1966.

Il répondait avec l'un de ses éclats de rire tonitruants. (...) Ils ressemblaient au barrissement d'un phoque. C'était un rire communicatif. À partir de ce moment-là, j'ai pris l'habitude de garder une blague pour la réunion suivante, pour le simple plaisir d'entendre à nouveau le rire d'Einstein.

Abraham Pais, cité in Bernstein, *Einstein*, p. 77.

Ce qu'a dit Einstein n'était pas si stupide que ça.

Wolfgang Pauli lorsqu'il était étudiant, après avoir entendu Einstein, de vingt ans son aîné, donner une conférence ; cité in Ehlers, *Liebes Hertz !*

Docteur aux cheveux en bataille,
Dis-nous que tu n'es pas un rouge.
Dis-nous que tu ne manges pas
Les capitalistes dans la rue.
Dis-nous que ce n'est pas vrai,
Que tu dévores aussi leurs enfants.
Parle, ô parle ! Et dis-nous, oh non,
Que tu n'es pas un Trotski en quatre dimensions !

Poème satirique écrit par l'éditorialiste H. I. Phillips pendant la période du maccarthysme, dans lequel il se moque de la cabale anticommuniste qui s'était déchaînée contre l'entrée d'Einstein aux États-Unis deux décennies plus tôt ; cité par Norman F. Stanley, *Physics Today*, novembre 1995, p. 118.

Einstein adorait les femmes, et plus elles étaient vulgaires, suaient, et sentaient mauvais, plus il les aimait.

Peter Plesch, citant son père, János, in Highfield et Carter, *The Private Lives of Albert Einstein*, p. 206.

Ce que nous devons particulièrement admirer en lui est la facilité avec laquelle il s'adapte aux conceptions nouvelles et sait en tirer toutes les conséquences.

Henri Poincaré, 1911 ; cité in Hoffmann, *Albert Einstein : Creator and Rebel*, p. 99.

Einstein a été indiscutablement l'un des plus grands hommes de notre temps. Il possédait, à un haut degré, la simplicité caractéristique des grands hommes de science — une simplicité qui procède d'un désir obstiné de connaître et de comprendre les choses qui sont complètement objectives.

Bertrand Russell, *The New Leader*, 30 mai 1955.

Il a dépouillé de son mystère la théorie de la gravitation, que tout le monde, depuis Newton, avait acceptée en se résignant, faute de mieux, à son inintelligibilité.

Bertrand Russell, cité in Whitrow, *Einstein*, p. 22.

De tous les personnages publics que j'ai connus, Einstein est celui que j'ai le plus profondément admiré. (...) Einstein était non seulement un grand savant, mais il était aussi un grand homme. Il défendait la paix dans un monde dérivant vers la guerre. Il est resté sain d'esprit dans un monde fou, et libre d'esprit dans un monde de fanatiques.

*Ibid.*, p. 90.

Même sans nous écrire, nous communiquons ensemble mentalement, car nous réagissons à notre effroyable époque de la même manière et tremblons ensemble pour l'avenir de l'humanité.

Albert Schweitzer, lettre du 20 février 1955, Archives Einstein 33-236.

Dites à Einstein qu'à mon avis la preuve la plus convaincante que je puisse fournir de mon admiration pour lui est que de tous ces portraits [de célébrités], le sien est le seul que j'aie acheté.

George Bernard Shaw, rapporté par Archibald Henderson, 21 août 1955, dans le *Durham Morning Herald*; Archives Einstein 33-257. (Einstein aurait répondu : « C'est très caractéristique de Bernard Shaw, qui a déclaré que l'argent est la chose la plus importante au monde. »)

Ptolémée a créé un univers qui a duré mille quatre cents ans; Newton, lui aussi, a créé un univers qui a duré trois cents ans. Einstein a créé un univers, et je ne peux pas vous dire combien de temps il durera.

George Bernard Shaw, à un banquet donné en l'honneur d'Einstein en Angleterre; cité in Cassidy, *Einstein and Our World*, p. 1; voir aussi le documentaire sur Einstein produit par Nova Television en 1979.

À mes yeux, il apparaît en dehors de toute comparaison comme la plus grande intelligence du siècle, et presque certainement, comme la plus grande incarnation de l'expérience morale. Il était à bien des égards différent des autres représentants de son espèce.

C. P. Snow, in *Conversations with Einstein*, cité in French, *Einstein : A Centenary Volume*, p. 193.

Il était sioniste pour des raisons humanitaires d'ordre général, plutôt que par nationalisme. Il estimait que le sionisme était la seule manière de résoudre le problème juif en Europe. (...) S'il n'a jamais été partisan d'un nationalisme agressif, il pensait en revanche qu'une patrie juive en Palestine était essentielle pour le sauvetage des derniers Juifs d'Europe. (...) Après la création de l'État d'Israël, il a déclaré qu'il se sentait d'une certaine manière heureux de ne pas être impliqué dans les déviations par rapport aux grands impératifs moraux qu'il avait détectées.

Ernst Straus, cité in Whitrow, *Einstein*, pp. 87-88.

L'un des plus grands — peut-être, le plus grand — exploits de l'histoire de la pensée humaine.

Joseph John Thomson, découvreur de l'électron, à propos des travaux d'Einstein sur la relativité générale, 1919 ; cité in Hoffmann, *Albert Einstein : Creator and Rebel*, p. 132.

Einstein était un physicien, et non un philosophe. Mais la franchise naïve de ses questions était philosophique.

C. F. von Weizsaecker, cité in Aichenburg et Sexl, *Albert Einstein*, p. 159.

Comme Einstein m'expliquait sa théorie chaque jour, j'ai vite eu la certitude qu'il la comprenait.

Chaïm Weizmann, 1929.

Le jeu de M. Einstein [au violon] est excellent, mais il ne mérite pas sa renommée mondiale ; il y a beaucoup d'autres interprètes tout aussi doués.

Un critique musical berlinois ayant assisté à un concert d'Einstein au début des années 20, ignorant que la réputation de ce dernier concernait la physique, non la musique ; cité in Reiser, *Albert Einstein*, pp. 202-203.

# *Réponses aux questions non scientifiques les plus courantes concernant Einstein*

Ces informations ont été colligées à partir de sources diverses dans les Archives Einstein et dans les ouvrages publiés. La plupart d'entre elles peuvent être trouvées dans les meilleures biographies d'Einstein, notamment celles d'Abraham Pais, Jamie Sayen et Philipp Frank.

## *LES PHYSICIENS QU'EINSTEIN ADMIRAIT LE PLUS*

Michael Faraday, James Clerk Maxwell, et Isaac Newton.

## *LES PHILOSOPHES QUI L'ONT LE PLUS INFLUENCÉ*

David Hume, pour sa critique des postulats et dogmes traditionnels ; Ernst Mach, pour sa critique des idées de Newton concernant l'espace, pour son examen critique de la mécanique newtonienne, et pour son encouragement au scepticisme intellectuel ; Spinoza, pour ses conceptions sur la religion ; et Schopenhauer, pour sa formule inspirée : « Un homme peut faire ce qu'il veut, mais non vouloir ce qu'il veut. » (Voir Frank, *Einstein : His Life and Times*, p. 52 ; Whitrow, *Einstein*, pp. 12-13 ; Einstein, *Ideas and Opinions*, p. 8.)

## *LIVRES ET AUTEURS PRÉFÉRÉS*

L'autobiographie de Gandhi ; *A Bell for Adano* et *The Wall* de John Hersey ; les œuvres de Dostoïevski, Tolstoï, et Hérodote ; les écrits de Spinoza sur la religion. Les livres sur la science qu'il recommandait en 1920, *Temps, Espace, Matière* de Weyl et *Espace et Temps dans la physique d'aujourd'hui* de Schlick, ainsi qu'un autre volume intitulé *Le Principe de relativité*, dont la troisième édition devait contenir le plus important de tous les essais initiaux sur la relativité générale. (Voir lettre d'Einstein à Maurice Solovine, 24 avril 1920.)

## *SES MUSICIENS PRÉFÉRÉS*

Bach, Mozart, et certains compositeurs italiens et anglais classiques étaient les préférés d'Einstein ; ainsi que Schubert, à cause de sa capacité à exprimer les émotions. Il aimait beaucoup moins Beethoven, considérant sa musique comme trop dramatique et personnelle. Haendel, à son avis, était intéressant du point de vue technique, mais superficiel. Les œuvres brèves de Schumann valaient surtout à ses yeux pour leur originalité et leur richesse de sentiments. Mendelssohn avait un talent considérable mais manquait de profondeur. Einstein aimait certains lieder et pièces de musique de chambre de Brahms. Il trouvait la personnalité musicale de Wagner extrêmement déplaisante, « à tel point qu'[il ne l'écoutait] qu'avec dégoût ». Il considérait que Richard Strauss était doué, mais sans vérité intérieure, et surtout préoccupé des effets extérieurs. (D'après sa réponse à un questionnaire, 1939; Archives Einstein 34-322.)

Einstein commença à jouer du violon à l'âge de six ans ; il abandonna à la fin de sa vie cet instrument, préférant jouer de temps en temps du piano. Il avait appelé son violon « Lina », et le légua à son petit-fils Bernhard. (Frank, *Einstein : His Life and Times*, p. 14 ; Grüning, *Ein Haus für Albert Einstein*, p. 251.)

## *HOBBIES*

En dehors de la musique et de la lecture, l'autre passion d'Einstein était la voile. Pour son cinquantième anniversaire, un groupe d'amis lui offrit un voilier, qu'il utilisait pour naviguer sur la Havel, quand il séjournait l'été dans sa maison de campagne de Caputh, au sud-ouest de Berlin. Le bateau avait pour nom *Tummler* (« L'Acrobate »). Plus tard, à Princeton, il fit de la voile sur le lac Carnegie à bord du *Tinnef* (« En toc », en yiddish).

## *DROITIER OU GAUCHER ?*

Einstein, à la différence de nombreux physiciens ou mathématiciens, était droitier. Il tenait également l'archet de son violon dans la main droite, même si, comme on sait, certains gauchers procèdent eux aussi de la sorte.

## *COMPRÉHENSION DE LA THÉORIE DE LA RELATIVITÉ*

Einstein niait avoir jamais soutenu que seulement douze personnes au monde pouvaient comprendre sa théorie. Il estimait que tout physicien étudiant sa théorie pouvait facilement la comprendre. (Déclaration aux journalistes, à son arrivée à New York en 1921 ; voir Frank, *Einstein : His Life and Times*, p. 179.)

## *LA NATIONALITÉ AMÉRICAINE D'EINSTEIN*

Einstein est arrivé aux États-Unis en 1933 avec seulement un visa de touriste en poche. Selon la législation américaine de l'époque en matière d'immigration, il ne pouvait demander à devenir citoyen que par l'intermédiaire d'un consulat américain dans un pays étranger. Du coup, Einstein décida de se rendre aux Bermudes pour solliciter sa naturalisation en mai 1935. Le consul américain donna un grand dîner de gala en son honneur, et l'autorisa à retourner aux États-Unis en qualité de résident permanent. Cinq ans plus tard, en 1940, lui-même, Margot Einstein et Helen Dukas devinrent citoyens américains en prêtant serment devant le drapeau américain à Trenton, dans le New Jersey. (Voir Pais, *Einstein Lived Here*, p. 199, et Frank, *Einstein : His Life and Times*, p. 293, bien que Frank se trompe sur la date.)

## *À L'INSTITUTE FOR ADVANCED STUDY DE PRINCETON*

Le salaire de départ d'Einstein à l'Institute for Advanced Study de Princeton en 1933 était de 15 000 $ par an, avec une pension annuelle de 5 000 $ à la retraite (Archives Einstein 29-315). L'Institut avait élu provisoirement domicile sur le campus de Princeton, dans une partie du vieux bâtiment des mathématiques, Fine Hall (aujourd'hui Jones Hall, siège du département des Études extrême-orientales). Il y demeura jusqu'en 1940, date à laquelle il déménagea sur son propre campus, dans un quartier de Princeton gagné sur la campagne. Einstein prit sa retraite en 1945, mais continua à occuper un bureau à l'Institut jusqu'à sa mort.

À l'époque, Abraham Flexner était le directeur de l'Institut, et, pour le malheur d'Einstein, il se révéla un patron beaucoup trop protecteur. Peu après l'arrivée d'Einstein aux États-Unis, par exemple, le Président Roosevelt avait invité Einstein et sa femme Elsa — en respectant la voie hiérarchique — à la Maison Blanche. Flexner jugea bon de décliner l'invitation sans consulter Einstein, sous prétexte de « raisons de sécurité ». Quelques temps plus tard, Einstein fut informé de l'incident et écrivit aussitôt une lettre d'excuse à Roosevelt. L'invitation fut renouvelée, et Einstein se rendit finalement à la Maison Blanche pour rencontrer le Président.

## *LA MORT D'EINSTEIN*

Einstein est décédé à l'hôpital de Princeton le 18 avril 1955 (voir chronologie).

Son cerveau et ses yeux furent alors prélevés et conservés, à l'insu de sa famille, pour être éventuellement étudiés par la suite (voir Highfield et Carver, *The Private Lives of Albert Einstein*, pp. 264 et ss. ; *The Guardian*, 17 décembre 1994; *California Monthly*, décembre 1995, pp. 27-28). Le Dr Thomas Harvey, médecin légiste, procéda à une autopsie, et, sans autorisation, retira le cerveau pour le conserver. Un autre médecin légiste, le Dr Henry Abrams, préleva les yeux avec l'autorisation de l'administrateur de l'hôpital, sous le contrôle du Dr Guy Dean, médecin personnel d'Einstein au moment de sa mort.

Einstein ayant demandé que son corps soit incinéré, le prélèvement de ces organes fut considéré par ses amis comme une violation de ses dernières volontés. Après l'incinération, la famille fut enfin informée. Un accord fut finalement trouvé avec le Dr Harvey, qui put conserver le cerveau, à condition qu'il ne s'en serve pas dans un but commercial, mais seulement à des fins scientifiques. Il devait en céder au moins trois fragments à d'autres chercheurs, mais seul le Dr Marian Diamond de l'université de Californie à Berkeley réalisa une étude scientifique, révélant en 1985 dans la revue *Experimental Neurology* que le cerveau d'Einstein comportait un nombre de cellules gliales (nourrissant les neurones) supérieur à la moyenne dans les zones de l'hémisphère gauche qui sont le siège de l'intelligence mathématique et du langage. Une image agrandie des cellules gliales d'Einstein est exposée dans le Lawrence Hall of Science de Berkeley.

La dépouille d'Einstein fut incinérée à Trenton le jour même de son décès, et ses cendres furent dispersées par deux de ses amis, Otto Nathan et Paul Oppenheim. La dernière personne à avoir vu Einstein vivant est l'infirmière Alberta Roszel, dont le récit des derniers instants du savant fut publié par le *New York Times* (19 avril 1955) : « Il soupira deux fois, puis expira. »

Un concert fut donné à sa mémoire au McCarter Theater de Princeton le 17 décembre 1955 par le pianiste R. Casadesus et le Princeton University Orchestra, avec au programme les œuvres suivantes : *Concerto du Couronnement* de Mozart (concerto pour piano et orchestre en ré majeur) ; *Sonatine* de Bach, extraite de la cantate n° 106 « *Actus Tragicus* » ; *Symphonie n° 104 en ré majeur* de Haydn; *Concerto grosso n°8 (« de Noël »)* de Corelli.

## *INFORMATIONS PERSONNELLES DIVERSES*

Einstein n'a su parler qu'à l'âge de trois ans. Certains auteurs ont émis l'hypothèse que ce retard était à l'origine de sa façon de penser en termes visuels (voir ses « expériences par la pensée »).

Einstein était un écolier plus doué que la moyenne. Ses meilleures notes étaient en mathématiques, physique et musique. Ses plus mauvaises, en français et en italien. (*CPAE*, vol. I, doc. 8 et 10.)

Le livret militaire suisse d'Einstein contient les résultats de la visite médicale au terme de laquelle il fut déclaré inapte au service, à l'âge de vingt-deux ans (13 mars 1901) :

Taille : 1,715 m

Tour de poitrine : 87 cm

Haut du bras : 28 cm

Maladies ou handicaps : varices, pieds plats, et transpiration des pieds excessive(voir *CPAE*, vol. I, doc. 91).

Selon Helen Dukas, Einstein dut s'acquitter d'une taxe jusqu'en 1940 pour ne pas avoir effectué de service militaire dans l'armée suisse; il gardait dans ses papiers un livret de service (*Dienstbuch*) de l'armée helvétique sur lequel était porté chaque année le montant de la taxe.

En 1920, Einstein demanda à l'université de

Princeton 15 000 $ d'honoraires pour trois cours par semaine sur deux mois (Archives Einstein 36-241). Cependant, ces « cours de Princeton », donnés en 1921 et publiés en 1922, se réduisirent finalement à un cycle de quatre conférences intitulé *The Meaning of Relativity* (« La Signification de la relativité »), pour lequel il reçut une rémunération beaucoup plus modeste.

Einstein écrivait généralement des lettres courtes, mais bien tournées, surtout dans les dernières années de sa vie. La plus longue qu'il écrivit de sa main est celle — de dix pages — qu'il adressa au physicien H. A. Lorentz le 23 janvier 1915. (Archives Einstein 16-436.)

Il prétendait avoir adopté la chevelure qu'on lui connaît « par négligence ».

Einstein et ses proches adoraient les animaux. À Princeton, ils avaient un chat appelé Tiger et un chien nommé Chico.

Einstein n'aimait pas que l'on critique ses travaux. Pendant l'été 1936, il soumit un article à la *Physical Review,* mais un expert le lui retourna avec dix pages de commentaires. Vexé, Einstein retira son article pour le publier ailleurs. Il prétendit par la suite que la *Physical Review* n'était pas habilitée à communiquer l'article aux membres de son comité de lecture avant publication, alors que c'était (et que c'est toujours) l'usage américain. (Lettre au rédacteur en chef de la *Physical Review,* 27 juillet 1936; Archives Einstein 19-087.)

Grete Markstein, une actrice talentueuse, prétendit jusqu'à sa mort être la fille d'Einstein. Pour la confondre, Einstein, sur l'initiative d'Helen Dukas, fit rechercher sa date et son lieu de naissance — enquête qui démontra qu'elle mentait (notamment, elle n'était que de treize ans plus jeune que lui). Elle décéda en 1947. (D'après les notes d'une conversation avec Helen Dukas.) Einstein et son ami János Plesch ont écrit des poèmes humoristiques à propos de Mrs Markstein (Archives Einstein 31-540 et 541).

Einstein n'a jamais permis que son nom soit utilisé à des fins commerciales et publicitaires. Il reçut pourtant de nombreuses et parfois curieuses demandes dans ce sens — notamment celles d'un perruquier, d'un marchand de savon, et d'un fabricant de stylos. S'il était enthousiasmé par un produit, ses fabricants, qui finissaient tôt ou tard par le savoir, lui demandaient d'apporter sa caution ou de participer à une campagne promotionnelle. Aujourd'hui, ses héritiers ont recours aux services d'une agence publicitaire basée en Californie pour protéger l'utilisation commerciale de son nom par le biais d'une marque déposée.

À mesure qu'il avançait en âge, Einstein en vint à nourrir des sentiments amers à l'encontre du sexe opposé, jugeant le mariage incompatible avec la nature humaine : le mariage oblige hommes et femmes à se traiter mutuellement comme des biens personnels, et les empêche de se conduire comme des êtres humains libres.

Tous les hommes du cercle familial d'Einstein choisirent des femmes plus âgées comme conjointes : ses deux épouses étaient plus vieilles que lui d'au moins trois ans ; la première épouse de son fils Hans Albert était plus vieille de neuf ans, la deuxième, de deux ans ; son autre fils Eduard avait également une compagne plus âgée (qu'il n'épousa jamais).

Einstein ronflait « incroyablement fort », selon Elsa, ce qui obligea les deux époux à faire chambre à part. Elsa n'avait pas le droit d'entrer dans le bureau de son mari — il exigeait une complète intimité dans cette pièce. Il déclara un jour à Elsa : « Parle de toi *ou* de moi, mais jamais de "nous". » Il voulait être complètement indépendant, n'employant jamais le mot « nous » avec sa femme et ne l'autorisant jamais à parler en son nom.

# Bibliographie

AUFFRAY, J.-P., *Einstein et Poincaré*, Le Pommier, 1999.

BALIBAR, Françoise, *Einstein, La joie de la pensée*, Gallimard-Découvertes, 1993.

—, *Galilée, Newton lus par Einstein*, PUF, 1994.

—, *Einstein, 1905*, PUF, 1992.

BERNSTEIN, Jeremy, *Einstein*, Penguin, N.Y., 1978.

BRIAN, Denis, *Einstein, A Life*, Wiley, N.Y., 1996 (trad. fr. : *Einstein, le génie, l'homme*, Laffont, 1997).

CASSIDY, David, *Einstein in Our World*, N.J. : Humanities Press, Atlantic Highlands, 1995.

CASSIRER, E., *La Théorie de la relativité d'Einstein*, Le Cerf, 2000.

CLARK, Ronald W., *Einstein : The Life and Times*, Crowell, N.Y., 1971 (trad. fr. : *Einstein, sa vie, son époque*, Stock, 1980).

CLINE, B. L., *Men who Made a New Physics*, University of Chicago Press, Chicago, 1987.

*CPAE, The Collected Papers of Albert Einstein.* Voir Stachel, Klein et Schulmann.

CUNY, Hilaire, *Albert Einstein*, Seghers, Paris, 1951 (trad. angl. : Londres, 1963).

DUKAS, Helen/HOFFMANN, Banesh, *Albert Einstein, the Human Side, New Glimpses From His Archives*, Princeton University Press, Princeton, 1979.

DÜRENMATT, Friedrich, *Albert Einstein : Ein Vortrag*, Diogenes, Zurich, 1979 (trad. fr. : éd. de l'Aire, 1982).

EHLERS, Anita, *Liebes Hertz!* Birkhäuser, Berlin, 1994.

EINSTEIN, Albert, *Sur l'électrodynamique des corps en mouvement*, J. Gabay, 1994 [premiers articles scientifiques, trad. de l'all.].

—, *The Meaning of Relativity*, Princeton, 1921 (trad. fr. : *Quatre Conférences sur la théorie de la relativité*, 1924).

—, *About Zionism*, Londres, 1930, et N.Y., 1931 (trad. de l'all.).

—, *Cosmic Religion, with Other Opinions and Aphorisms*, N.Y., 1931.

—, *The World as I See It*, in Leach, *Living Philosophies*, 1931 (version allemande : *Mein Weltbild*, éd. Carl Seelig, Amsterdam, 1934; trad. fr. : *Comment je vois le monde*, Flammarion, 1934).

—, *The Origins of the Theory of Relativity*, Jackson, Wylie, Glasgow, 1933 (trad. fr. : *La Théorie de la relativité restreinte et générale*, Dunod, 2000).

—/FREUD, Sigmund, *Warum Krieg?/Why War?/ Pourquoi la Guerre?* Institute of Intellectual Cooperation, League of Nations/Institut de coopération intellectuelle, Société des Nations, Paris, 1933.

—/INFELD, L., *The Evolution of Physics*, Simon & Schuster, N.Y., 1938 (trad. fr. : *L'Évolution des idées en physique*, Flammarion, 1938, 1983, et Payot, 1963).

—, *Out of My Later Years*, Wisdom Library of the Philosophical Library, N.Y., 1950 (trad. fr. : *Conceptions scientifiques, morales et sociales*, Flammarion, 1952, et Champs-Flammarion, 1990).

—, *Ideas and Opinions*, Crown, N.Y., 1954 (trad. de l'all.; reprend pour partie *Mein Weltbild*, 1934).

—, *Lettres à Maurice Solovine*, Gauthier-Villars, Paris, 1956 (trad. de l'all.; trad. en anglais, d'après l'éd. française : *Letters to Solovine*, Carol Publishing, N.Y., 1993).

—/BESSO, M., *Correspondance 1903-1955*, Hermann, Paris, 1972.

—/BORN, M., *Einstein-Born Briefwechsel, 1916-1955*, Munich, 1969 (trad. angl. : Macmillan, London, 1971; trad. fr. : *Correspondance 1916-1955*, Le Seuil, Paris, 1972).

—/SCHILPP, P., (éd. et trad.), *Autobiographical Notes*, Open Court, La Salle, Ill., 1979.

—, *CPAE, The Collected Papers of Albert Einstein.* Voir Stachel, Klein et Schulmann.

—, *Œuvres choisies* (en français, 6 vol. : I, Quanta; II-III, Relativité; IV, Correspondances françaises; V, Sciences, éthique, philosophie; VI, Écrits politiques), Le Seuil-CNRS, 1989-1993.

—/MARIC, Mileva, *The Love Letters*, éd. J. Renn et R. Schulmann (trad. de l'all. par Sh. Smith), Princeton University Press,

Princeton, 1992 (trad. fr. : *Lettres d'amour et de science,* trad. E. Kaufmann, Le Seuil, 1993).

—, *Einstein on Humanism,* Carol Publishing, N.Y., 1993.

FRANK, Philipp, *Einstein : His Life and Times,* Knopf, N.Y., 1947 (trad. fr. : *Einstein, sa vie et son temps,* Albin Michel, 1950, et Champs-Flammarion, 1990).

FRENCH, A. P. (dir.), *Einstein, A Centenary Volume,* Harvard University Press, Cambridge, Mass., 1979 (trad. fr. : *Einstein, Le livre du Centenaire,* Hier et Demain, 1979).

FRITZSCH, Harald, *Eine Formel verändert die Welt,* Piper, Munich, 1988 (trad. fr. : *$E = mc^2$, une formule change le monde,* O. Jacob, 1998).

GRÜNING, Michael, *Ein Haus für Albert Einstein,* Verlag der Nation, Berlin, 1990.

HADAMARD, Jacques, *An Essay on the Psychology of Invention in the Mathematical Field,* Princeton University Press, Princeton, 1945.

HIGHFIELD, Roger/CARTER, Paul, *The Private Lives of Albert Einstein,* Faber & Faber, Londres, 1993.

HOFFMANN, Banesh, *Albert Einstein, Creator and Rebel,* Viking, N.Y., 1972 (trad. fr. : *Albert Einstein, Créateur et Rebelle,* Le Seuil, 1975).

HOLTON, Gerald/ELKANA, Yehuda (dir.), *Albert Einstein : Historical and Cultural Perspectives, The Centennial Symposium in Jerusalem,* Princeton University Press, Princeton, 1982.

HOLTON, G., *Science en gloire, Science en procès : entre Einstein et aujourd'hui,* Gallimard, 1998.

*Hommage à Albert Einstein à l'occasion du centième anniversaire de sa naissance,* L'Âge d'Homme, 1980.

INFELD, Leopold, *The Quest : The Evolution of a Scientist,* Doubleday, N.Y., 1941.

—, *Albert Einstein,* éd. révisée, Charles Scribner's Sons, N.Y., 1950.

KLEIN, Martin/KNOX, A. J./SCHULMANN, Robert (dir.), *The Collected Papers of Albert Einstein,* vol. V, *The Swiss Years : Correspondence, 1902-1914,* Princeton University Press, Princeton, 1993.

LEACH, H. J., *Living Philosophies : A Series of Intimate Credos,* Simon & Schuster, N.Y., 1931.

MERLEAU-PONTY, Jacques, *Einstein,* Flammarion, 1993.

MICHELMORE, P., *Einstein, Profile of the Man,* Dodd, N.Y., 1962.

MOSZKOWSKI, A., *Einstein, Einblicke in seine Gedankenwelt* [1920], Hambourg, 1921 (trad. angl. : *Conversations with Einstein,* Horizon Press, N.Y., 1970).

NATHAN, Otto/HEINZ, Norden (dir.), préf. de Bertrand Russell,

*Einstein on Peace*, Simon & Schuster, N.Y., 1960 (trad. fr. : *Le Pouvoir nu, propos sur la guerre et la paix*, Hermann, 1991).

PAIS, Abraham, *Subtle Is the Lord : The Science and the Life of Albert Einstein*, Oxford University Press, Oxford, 1982 (trad. fr. : *Einstein, la vie et l'œuvre*, Interéditions, 1993).

—, *Einstein Lived Here*, Oxford University Press, Oxford, 1994.

PATY, Michel, *Einstein philosophe*, PUF, 1994.

—, *Einstein*, Belles Lettres, 1997.

PLANCK, Max, *Where Science is Going ?* Norton, N.Y., 1932.

REGIS, Ed., *Who Got Einstein's Office ?* Addison-Wesley, Reading, Mass., 1987.

REINES, F. (dir.), *Cosmology, Fusion and Other Matters*, University Press of Colorado, Boulder, 1972.

REISER, Anton, *Albert Einstein : A Biographical Portrait*, Boni, N.Y., 1930.

ROSENTHAL-SCHNEIDER, Ilse, *Reality and Scientific Truth*, Wayne State University Press, Detroit, 1980.

RYAN, Dennis (dir.), *Einstein and the Humanities*, Greenwood Press, N.Y., 1987.

SAYEN, Jamie, *Einstein in America*, Crown, N.Y., 1985.

SCHAEFFER, R., *Relativité d'Einstein*, Nathan, 1994.

SCHILPP, Paul (dir.), *Albert Einstein, Philosopher-Scientist*, Library of Living Philosophers, Evanston, Ill., 1949.

SCHULMANN, Robert, et al. (dir.), *The Collected Papers of Albert Einstein*, vol. VIII, *The Berlin Years : Correspondence, 1914-1918*, Princeton University Press, Princeton, 1997.

SCHWARTZ, J./MCGUINNESS M., *Einstein for Beginners*, 1979 (trad. fr. : *Einstein pour débutants*, La Découverte, 1980).

SEELIG, Carl (dir.), *Helle Zeit, Dunkle Zeit : In Memoriam Albert Einstein*, Europa Verlag, Zurich, 1956.

STACHEL, John, et al. (dir.), *The Collected Papers of Albert Einstein*, vol. I, *The Early Years : 1879-1902*, Princeton University Press, Princeton, 1987 (éd. américaine, 1987).

STACHEL, John, et al. (dir.), *The Collected Papers of Albert Einstein*, vol. II, *The Swiss Years : Writings, 1900-1909*, Princeton University Press, Princeton, 1989 (éd. américaine, 1989).

SUGIMOTO, Kenji, *Albert Einstein*, 1987 (trad. fr. : *Albert Einstein*, biographie illustrée, Belin, 1990).

THUILLIER, P., *D'Archimède à Einstein, les faces cachées de l'invention scientifique*, Fayard, 1988.

TRBUHOVIC-GJURIC, Desanka, *Mileva Einstein*, Des Femmes, 1991.

VALLENTIN, Antonina, *Le Drame d'Albert Einstein*, Plon, 1954 (trad. all. : *Das Drama Albert Einsteins*, Günther Verlag, Stuttgart, 1955).

WHITROW, G. J., *Albert Einstein, The Man and His Achievement*, Dover, N.Y., 1967.

# Table

Préface 7
Avant-propos et remerciements 15
Chronologie 23

*Sur lui-même* 37
*Sur l'Allemagne et les Allemands* 49
*Sur ses amis, savants et autres* 53
*Sur l'éducation et la liberté de l'esprit scientifique* 71
*Sur les États-Unis et les Américains* 75
*Sur la famille* 81
*Sur l'humanité* 93
*Sur les Juifs, Israël, le judaïsme et le sionisme* 97
*Sur la mort* 105
*Sur le pacifisme* 109
*Sur la paix, la guerre, la bombe et l'armée* 115
*Sur la politique, le patriotisme et l'État* 125
*Sur la religion, Dieu et la philosophie* 133
*Sur la science et les savants, les mathématiques et la technologie* 147
*Sur la vie* 165
*Sujets divers* 169

*Attribué à Einstein* 199
*Ce que d'autres ont dit d'Einstein* 203
*Réponses aux questions non scientifiques les plus courantes concernant Einstein* 215

Bibliographie 227

## Collection Anatolia

Derniers titres parus :

| | |
|---|---|
| Aidan Higgins | *Les Années de chien* |
| Douglas Lindsay | *Il est toujours minuit pour Barney Thomson* |
| Zbigniew Herbert | *Un Barbare dans le jardin* |
| Gillian Tindall | *Célestine, Histoire d'une femme du Berry* |
| Vita Sackville-West | *Une aristocrate en Asie* |
| Anonyme d'Erfurt | *Traité de l'amour parfait* |
| Raymond Lulle | *Félix ou le Livre des Merveilles* |
| Anonyme du XIVe siècle | *Le Kamasutra catalan* |
| Patrick Gifreu | *Dalí, un manifeste ultralocal* |
| Salvador Dalí | *Journal d'un génie adolescent* |
| Spike Milligan | *Le Règne hystérique de Siffoney Ier, roi d'Irlande* |
| Spike Milligan | *Mon rôle dans la chute d'Adolf Hitler* |
| Shiva Naipaul | *Au-delà de la Gueule du Dragon* |
| Shiva Naipaul | *Mort en Guyane* |
| Elizabeth Bowen | *Sept hivers à Dublin* |
| Liam O'Flaherty | *Les Amants* |
| Liam O'Flaherty | *L'Âme Noire* |
| Liam O'Flaherty | *À mes ennemis ce poignard* |
| Aidan Higgins | *Ma chienne d'Irlande* |
| Sylvia Plath | *L'Histoire qu'on lit au bord du lit* |
| P. G. Wodehouse | *Hello Plum!* |
| Graham Chapman | *Autobiographie d'un menteur* |
| Liam O'Flaherty | *Le Guide du touriste en Irlande* |

| | |
|---|---|
| Vita Sackville-West | *Une Anglaise en Orient* |
| R. K. Narayan | *Mémoires d'un Indien du Sud* |
| Karl Popper | *La Leçon de ce siècle* |
| P. G. Wodehouse | *« La citrouille a besoin de vous »* |
| Le Pogge Florentin | *Facéties* |
| V. Havel / J. Brodsky | *Le Cauchemar du monde post-communiste* |
| Hubert Butler | *L'envahisseur est venu en pantoufles* |
| K. Popper / J. Condry | *La Télévision : un danger pour la démocratie* |
| Kate Chopin | *La Cigarette égyptienne* |
| Margaret Hooks | *Tina Modotti, Amour, Art et Révolution* |
| Fernando Pessoa | *Lisbonne* |
| Tina Modotti | *Lettres à Edward Weston* |
| M. F. K. Fisher | *Biographie sentimentale de l'huître* |
| M. F. K. Fisher | *Le Fantôme de Brillat-Savarin* |
| J. M. Synge | *Les Îles d'Aran* |
| Shiva Naipaul | *Sortilège africain* |
| Shiva Naipaul | *L'Illusion du Tiers-Monde* |
| E. A. Abbott | *Flatland* |
| Anonyme latin | *Histoire du roi Apollonius de Tyr* |
| Josef Skvorecky | *Le Camarade joueur de jazz* |
| Robert Nicholson | *Promenades dans la Dublin de Joyce* |
| Fernando Pessoa | *Dialogues sur la tyrannie* |
| G. Jouanard / B. Plossu | *Marseille en autobus* |
| Andrea Weiss | *Paris etait une femme* |
| A. Higgins / J. Minihan | *Samuel Beckett* |
| E. E. O'Donnell | *L'Irlande du père Browne* |

CET OUVRAGE
A ÉTÉ ACHEVÉ D'IMPRIMER SUR ROTO-PAGE
PAR L'IMPRIMERIE FLOCH À MAYENNE
EN SEPTEMBRE 2000

Éditions du Rocher
28, rue Comte-Félix-Gastaldi
Monaco

Dépôt légal : septembre 2000.
N° d'édition : CNE section commerce et industrie
Monaco : 19023.
N° d'impression : 49478.
*Imprimé en France*